O QUE FAZ A DIFERENÇA

Fátima Zorzato

O QUE FAZ A DIFERENÇA

As características e oportunidades
que criam o grande líder

PORTFOLIO
PENGUIN

Copyright © 2020 by Fátima Zorzato
Em depoimento a Atelier de Conteúdo.

A Portfolio-Penguin é uma divisão da Editora Schwarcz S.A.

*Grafia atualizada segundo o Acordo Ortográfico da Língua Portuguesa
de 1990, que entrou em vigor no Brasil em 2009.*

PORTFOLIO and the pictorial representation of the javelin thrower are
trademarks of Penguin Group (USA) Inc. and are used under license.
PENGUIN is a trademark of Penguin Books Limited and is used under license.

CAPA André Hellmeister
PREPARAÇÃO Fernanda Villa Nova
REVISÃO Angela das Neves e Camila Saraiva

Dados Internacionais de Catalogação na Publicação (CIP)
(Câmara Brasileira do Livro, SP, Brasil)

Zorzato, Fátima
    O que faz a diferença : as características e oportunidades que
criam o grande líder / Fátima Zorzato. — 1ª ed. — São Paulo :
Portfolio-Penguin, 2021.

    Bibliografia.
    ISBN 978-85-8285-104-3

    1. Comunicação 2. Disciplina 3. Empatia 4. Liderança 5. Líderes
6. Resiliência 7. Sucesso 8. Sucesso em negócios I. Título.

20-33905   CDD-658.4092

Índice para catálogo sistemático:
1. Liderança : Administração 658.4092

Cibele Maria Dias – Bibliotecária – CRB-8/9427

[2021]
Todos os direitos desta edição reservados à
EDITORA SCHWARCZ S.A.
Rua Bandeira Paulista, 702, cj. 32
04532-002 — São Paulo — SP
Telefone: (11) 3707-3500
www.portfolio-penguin.com.br
atendimentoaoleitor@portfoliopenguin.com.br

Ao Ruy

SUMÁRIO

Prefácio 9
Introdução 13

Parte 1: Os momentos decisivos

Atenção 25
Conexão 44
Ruptura 63
A espiral positiva 81
Tomar decisões, flexibilizar e lidar com os erros 94

Parte 2: As qualidades que sustentam as escolhas

Coragem 109
Curiosidade 119
Disciplina e garra para manter o foco 132
Visão global: A capacidade de levantar o nariz 142
Comunicação, empatia, bom humor e energia 150
Resiliência 160
A sorte e as oportunidades 170
Mulheres na liderança 182
A gestão do depois 196
Uma nova geração de líderes 203

Lista de entrevistados e especialistas consultados 211
Agradecimentos 213
Notas 219
Referências bibliográficas 225

PREFÁCIO

DEFINITIVAMENTE NÃO EXISTE RESPOSTA fácil para a pergunta "quais as escolhas e características determinam líderes excepcionais". Mas se hoje alguém no Brasil tem autoridade para refletir e nos transmitir valiosos aprendizados sobre essa pergunta, seu nome é Fátima Zorzato.

Nos mais de vinte e cinco anos como profissional de *executive search*, a Fátima foi pioneira no Brasil no trabalho de coaching, mentoring e headhunting. Sua capacidade de identificar e inspirar pessoas com grande potencial de realização a faz distintiva. Em todos esses anos, ela recrutou, aconselhou, desafiou, apoiou e ajudou alguns dos mais talentosos líderes empresariais brasileiros a crescer como pessoa, como executivo e como empreendedor. Além disso, seus interesses ecléticos lhe permitiram buscar inspiração na academia, nos esportes e na arte.

O caminho da Fátima foi por si só desafiador e inusitado, e demandou coragem e escolhas difíceis. Exigiu que ela esque-

9

cesse a busca vazia pelo perfeccionismo. Exigiu verdade e autoconhecimento. Exigiu muita determinação num período em que mulheres eram raridade no mundo dos negócios em nosso país. Exigiu empreendedorismo para construir seu próprio negócio e depois transformar a Russell Reynolds numa das líderes do mercado no Brasil. Exigiu destemor para, em 2015, empreender novamente e criar a INWI. Exigiu disciplina para executar seu sonho. Exigiu visão estratégica para identificar o momento chave de fazer mudanças. Exigiu muita resiliência para lidar com as inúmeras crises pelas quais passamos nas últimas décadas. Exigiu perspicácia para identificar talentos e empatia para apoiá-los a fazerem escolhas difíceis. Apesar de tudo isso, ela teve generosidade com o seu tempo, sendo mentora de inúmeras pessoas e ajudando a sociedade de diferentes formas.

É como agente ativa da sua própria história de sucesso e a partir da enorme riqueza de repertório de quem acompanhou incontáveis desafios de crescimento que Fátima nos traz esta coletânea de histórias sobre características e pontos de inflexão de carreiras de sucesso.

O livro é uma narrativa envolvente, quase como um filme de ação que começamos a assistir e não conseguimos parar até chegar no final. A cada capítulo lido, a sensação que fica é: ela tem razão, é isto o mais importante. Um novo capítulo começa e o mesmo sentimento se repete. De repente, o livro acaba e fica aquele gostinho de quero mais.

Eu tive a oportunidade de conhecer a Fátima quando tinha trinta anos, ao participar de um processo seletivo que ela conduzia. O processo não foi adiante, mas desde aquele momento eu tive o privilégio de ter a Fátima como minha mentora, acompanhando minha carreira com seu olhar aguçado e perspicaz. Ela sempre fazia perguntas difíceis, desconfortá-

PREFÁCIO

veis, mas que me faziam pensar. Durante todo esse período, eu nunca senti que a Fátima tentava me convencer de nada, muito pelo contrário, ela me provocava para que eu pudesse encontrar minhas próprias respostas.

Tenho certeza de que todos que lerem o livro terão um imenso prazer, pois ele irá provocar cada um a refletir sobre suas convicções e desafiar suas próprias perspectivas. Como uma das pessoas particularmente afortunadas por ter recebido a generosidade com que Fátima dedicou seu tempo ao meu próprio desenvolvimento, fico feliz que esse conhecimento tão relevante possa ser disseminado. Aproveitem a oportunidade única!

Nicola Calicchio

INTRODUÇÃO

RODRIGO PIMENTEL, então capitão do Batalhão de Operações Especiais da Polícia Militar do Rio de Janeiro (Bope-PM), fugia completamente ao estereótipo das pessoas com quem eu vinha conversando nos últimos 25 anos. Mas tinha em comum com elas a clareza sobre o caminho que havia percorrido até chegar onde estava. Em uma tarde, me contou sobre os momentos e as atitudes que haviam definido sua vida.

A parte de sua história que mais me marcou foi a entrevista que deu para o *Fantástico*, veiculada no dia 18 de junho de 2000, e hoje disponível na internet sob o título "Sucessão de erros da polícia provoca morte no ônibus 174" — o que já indica o tom do que será mostrado.[1] Na gravação, Pimentel analisou a morte de uma refém durante um sequestro que chocou o Brasil seis dias antes e explicou por que a culpa "com certeza" era de seu chefe, o comandante do Bope. O policial reviu as imagens do momento do disparo feito por um colega com o objetivo de atingir o sequestrador, mas que acabou acertando a professora

Geísa Firmo Gonçalves, e indicou a falta de técnica do atirador, apesar de o grupo de elite da polícia ser exaustivamente treinado para agir de maneira tática em momentos como aquele. O capitão ainda foi à cena do crime e simulou dois tiros, de lugares diferentes, que teriam acertado o sequestrador. Mas, para tê-los disparado de forma certeira, os policiais na operação precisariam ter recebido a ordem correta do comandante. Não foi o que aconteceu.

Ao atribuir ao Bope a responsabilidade da morte de uma pessoa inocente, Pimentel sabia que estava expondo de maneira drástica a reputação da corporação e, ao mesmo tempo, arriscando a própria carreira. Mesmo assim foi em frente, pois estava inconformado e conhecia os bastidores do episódio. Em meio à transmissão do crime em rede nacional, com a equipe do Bope reunida para traçar o passo a passo da estratégia de combate, o governador do estado ligou para o comandante da operação e disse que sua mãe estava assistindo à ocorrência pela televisão e não gostaria que ela visse massa encefálica espalhada pelo chão. Pimentel não acreditou no que ouviu. "As considerações políticas se sobrepuseram às considerações técnicas. É impossível que algo dê certo nessa situação", disse Pimentel durante a nossa conversa. Ele sabia que nos Estados Unidos, por exemplo, aquela cena seria inimaginável. "Você jamais vai ver um policial norte-americano ao telefone com o governador ou com algum prefeito no meio de uma operação." Não era a primeira vez que testemunhava uma inversão de valores. O que mudou é que havia decidido falar, aceitando o risco pessoal que isso implicava.

Alguns colegas acharam que ele foi longe demais, que sua atitude tinha sido desproporcional. Para ele, porém, era uma questão de honra. Chegara ao seu limite. Havia pelo menos três anos, desde 1997, que se sentia extremamente desconfortável

INTRODUÇÃO

na corporação na qual ingressara, em 1994, cheio de gana e ideais. Não queria continuar daquela forma. Precisava seguir. Porém, ainda não via possibilidades concretas de como fazê-lo. Era como se estivesse diante de uma curva inevitável, mas sem ideia do que encontraria ao dobrar a esquina em alta velocidade.

Depois da entrevista, ele foi trabalhar já preparado para enfrentar a represália no batalhão. Passou trinta dias em cadeia disciplinar (instalado não em uma cela, mas em um alojamento). Depois foi transferido para Itaperuna, no norte fluminense, o que representava um rebaixamento em sua função, já que a região tinha menos visibilidade. Embora aquele fosse um castigo, diz ter ido "bem feliz e de alma lavada" para o novo ambiente de trabalho.

Pimentel nunca se arrependeu da atitude drástica. Meses depois, sua vida tomou rumos inusitados. O que encontrou após a curva foi uma paisagem improvável, mas muito mais inspiradora do que poderia prever. Deixar o Bope foi uma ruptura que o levaria a um salto na carreira. Aquela era uma mudança radical em sua vida. Um desvio que, de alguma forma, frustrava seu sonho juvenil. Afinal, ingressar na corporação foi uma decisão que ele tomou aos catorze anos, quando descobriu a existência do grupo de elite. O momento exato foi um dia de chuva no Rio de Janeiro, quando Pimentel viu pela televisão pessoas mortas soterradas como resultado das enchentes e dos desmoronamentos. Em meio às imagens e declarações devastadoras, notou uma equipe da polícia que resgatava sobreviventes. Ficou até tarde da noite assistindo às notícias, fascinado com o trabalho heroico daqueles profissionais que usavam uma farda diferente, que se infiltravam no caos para salvar vidas. De onde eram? Como se preparavam para estar ali? Como poderia ser um deles? Ao saber o que era o Bope, decidiu que seu futuro seria ali.

Filho de militar, Pimentel cresceu ouvindo que, se fosse para seguir a carreira do pai, deveria ir para as Forças Armadas — destino de seus dois irmãos mais velhos —, e não para a Polícia. Mesmo assim, fez sua escolha. Estava atento aos próprios impulsos e entendeu bem cedo que seu desejo era outro. Mas isso só foi possível porque ele agiu e fez conexões que lhe pavimentaram o caminho. Pesquisou o que deveria fazer para realizar seu desejo, inscreveu-se no vestibular e depois formou-se na Academia da Polícia. Pediu para servir em um batalhão do interior, no qual teria tempo de continuar se preparando para entrar no Bope. Passou no concurso e enfrentou "um treinamento feito para você desistir", que incluía privação de sono, fome, horas imerso na água gelada de um mar revolto, corridas diárias e "intermináveis" de quinze quilômetros, entrar na jaula de um cachorro feroz e saltar de uma ponte de doze metros de altura.

Quando ainda estava na corporação, em 1999, uma conexão foi especialmente importante para o que viria a seguir: conheceu o cineasta João Moreira Salles, com quem viria a colaborar para o documentário *Notícias de uma guerra particular*. No ano seguinte, Salles seria a ponte para Pimentel conhecer outro diretor, José Padilha, que o convidaria para contribuir em seu documentário *Ônibus 174*. O trabalho com Padilha deu tão certo que os dois investiram juntos em um novo projeto, tornando-se coprodutores do *Tropa de Elite*, um dos longas-metragens de ficção de maior sucesso no Brasil.

Pimentel também fez pós-graduação em sociologia urbana, escreveu um livro, e é uma figura nacionalmente conhecida e um requisitado palestrante motivacional — que fala de liderança e planejamento estratégico com base em sua experiência no Bope. Considera-se bem-sucedido, pois construiu um patrimônio que lhe permite proporcionar uma vida confortável à família e fazer o que gosta de acordo com seus princípios.

INTRODUÇÃO

A trajetória de Rodrigo Pimentel foi marcada por decisões tomadas após algum estímulo e mudanças de rota quando ela não fazia mais sentido, assim como constatei acontecer com a maioria das pessoas realizadas que conheci ao longo dos mais de 25 anos como headhunter de executivos. Ele fez escolhas prestando atenção ao que sentia, olhou ao redor, estabeleceu parcerias e, apesar dos riscos, aceitou sair de sua zona de conforto. Esses fatores estão presentes na trajetória de Pimentel e na de muitas outras pessoas que trilharam caminhos profissionais dos quais se orgulham e que são consideradas bem-sucedidas por seus pares. Nas próximas páginas, me dedicarei a explicar melhor que fatores são esses e como cultivá-los.

Graças à minha profissão, tive o privilégio de observar e interagir com profissionais de sucesso em diferentes áreas de atuação. Conheci e convivi com donos e diretores dos maiores grupos empresariais do Brasil, e o meu principal papel era (e ainda é) identificar e diferenciar aqueles com grande potencial de realização.

Foi em 2011, quando eu participava de um curso para CEOS na Fundação Dom Cabral, que formulei algumas das questões que mais tarde inspirariam este livro. Éramos dez pessoas e nos encontrávamos uma vez por mês durante cinco horas, sob a coordenação de um professor suíço. Cada encontro era um módulo e, em um deles, a proposta foi sentarmos em grupos menores para discutir o *wake-up call* do líder. Isto é, quando a liderança enxerga as pessoas que trabalham ao seu redor e que, metaforicamente, estão levantando a mão e pedindo sua ajuda — deixando claro quem tem a autoridade natural sobre o grupo.

A inspiração para o exercício no curso da Dom Cabral era Joseph Campbell, professor norte-americano e um dos mais importantes estudiosos de mitologia comparada do mundo.

Campbell faleceu em 1987, mas seus livros são objeto de estudo até hoje. Analisamos uma parte de sua obra e fiquei encantada. Autor de livros como *O herói de mil faces* e *As máscaras de Deus*, ele tornou-se referência para os roteiristas de Hollywood. Foi o pioneiro do conceito conhecido como "jornada do herói", que são os estágios vividos recorrentemente nas histórias mitológicas. Eu já o conhecia de leituras anteriores, mas seus livros nunca tinham me causado tanto impacto.

Campbell organizou um *framework*: uma estrutura seguida por todos os mitos em maior ou menor grau. A mesma estrutura passou a ser usada para construir narrativas no cinema, em função de seu poder de impactar a audiência. Talvez o exemplo que mais ilustre a transposição de suas ideias para a telona seja a saga *Guerra nas Estrelas*, de George Lucas, que usou a teoria como inspiração.

Um desses estágios da jornada do herói é o "chamado da aventura". Segundo Campbell, todo herói possui uma rotina e um ambiente próprios que em determinado momento são perturbados. Nesse momento, ele toma a decisão de enfrentar o problema ou aceitar o desafio. Um dos primeiros exemplos em *O herói de mil faces* é o conto "A princesa e o sapo". Certo dia, a princesa brincava com sua bola dourada, como de costume, e a bola escapou de suas mãos e foi parar no fundo de um poço. Sem consolo, ela sentou-se e pôs-se a chorar, até que um sapo falante apareceu e propôs resgatar a bola em troca de seus cuidados e companhia. A princesa aceitou o acordo e, naquele instante, foi como se dissesse "sim" para uma aventura, já que não sabia o que poderia acontecer a partir de então.

Enxerguei nas ideias de Campbell um paralelo entre os heróis dos mitos, com seu chamado para a aventura, e os heróis da vida real, que constroem trajetórias profissionais de sucesso ao serem despertados por diferentes motivos. Assim como

INTRODUÇÃO

a teoria do norte-americano foi aplicada em Hollywood, era possível usá-la como uma lente para o filme de nossas vidas.

Embora na Dom Cabral tenhamos começado o assunto falando sobre como o líder pode ajudar o liderado, a reflexão estendeu-se para o tema da inspiração de forma mais geral. Discorremos sobre os "chamados" da vida, os momentos em que somos convocados e temos a oportunidade de agir. Nessa hora, minha mente descolou do tema discutido pelo restante das pessoas. Comecei a pensar no assunto sob outro ângulo: como as pessoas bem-sucedidas tomam decisões? O que as faz escolher determinada carreira? Seria possível identificar o momento em que são "chamadas"? E as mudanças de rumo ao longo da vida, por que acontecem? O que faz com que profissionais com carreiras parecidas aproveitem as oportunidades de maneiras diferentes?

Toda jornada é definida por decisões pontuais e pessoais sobre qual rumo seguir. Na jornada do herói, criada por Campbell, seria o momento em que o protagonista está pronto para cruzar o limite entre o mundo que ele conhece e com o qual está acostumado e o mundo novo que vislumbra.

Decisões sobre que carreira seguir são difíceis e podem ter diversas motivações, mas, observando os melhores candidatos e profissionais que passaram por mim, percebi que há três tipos de estímulos que levam aos momentos decisivos. Esses estímulos se repetem em suas trajetórias e guiam a escolhas do caminho a seguir:

- **Atenção:** observar motivações (internas) e oportunidades (externas), com foco naquilo que vai ao encontro de seus desejos, valores e habilidades. É um movimento que vai de dentro para fora.
- **Conexão:** olhar para o mundo e se relacionar com ele, selecionando as próprias preferências (seja por afinidade ou

por negação) e se abrindo para aquilo que o novo pode lhe trazer. Por exemplo, assistindo a um programa de TV, lendo livros, convivendo com pessoas ou frequentando lugares que levam a novas experiências. Ao contrário do primeiro, é um movimento que vem de fora para dentro.

- **Ruptura:** deixar a zona de conforto voluntária ou involuntariamente, em função de um trauma, como a doença ou a morte de alguém próximo. Nesses momentos, se a pessoa conseguir utilizar o trauma para se reinventar, pode haver um salto evolutivo.

Podemos ter vários estímulos de atenção, conexão e ruptura em nossas vidas que nos levam para diferentes direções. Essa divisão é uma forma simples para ajudar as pessoas a perceber quando esses momentos se apresentam e, assim, aproveitar as oportunidades. Quanto mais eles são aproveitados, maiores as chances de pavimentar um caminho de crescimento pessoal e profissional.

Passei a levantar hipóteses. Perguntava-me se as reflexões sobre essas perguntas ajudariam outras pessoas a tomar boas decisões, estivessem elas no início, no meio ou no fim de sua história profissional.

Parti da minha experiência para buscar respostas que pudessem formar um mapa capaz de orientar as escolhas particulares em direção ao sucesso. O resultado está registrado neste livro. Identifiquei que aproveitar os estímulos para tomar decisões era uma característica importante, mas apenas o primeiro passo. O segundo passo seria cultivar os fatores que sustentam essas escolhas, desenvolver as qualidades que continuam nos empurrando para a frente no longo prazo. Pimentel, por exemplo, decidiu que um dia faria parte do Bope ao ver uma notícia na televisão, mas foi sua resiliência que o fez

INTRODUÇÃO

se manter no treinamento até o fim, garantindo que seguisse firme na sua decisão inicial.

O meu desejo com este livro é ajudar os leitores a reconhecer os estímulos que aparecem ao longo de sua trajetória e as qualidades que devem cultivar no longo prazo, e a se colocarem ativos diante da vida, e não alheios às oportunidades de cada momento.

PARTE 1
Os momentos decisivos

Atenção

A MÉDICA KARINA OLIANI sempre perseguiu o que queria, por mais exóticas que fossem suas escolhas quando comparadas às de seus colegas. Sua motivação interna é a busca pelos desafios e pela adrenalina. Ao longo de seus 37 anos, fez escolhas não só inusitadas, como arriscadas.

Foi a primeira brasileira a se especializar em medicina de emergência e resgate em áreas remotas e, por alguns anos, a mais jovem do país a escalar o monte Everest — em 2018 uma paulista de 23 anos a superou.[1] Mas em 2019 ainda era a única mulher da América Latina que havia escalado as duas faces da montanha (norte e sul) e a única a subir o K2, considerada a montanha mais difícil do mundo. Construiu um caminho inédito com a sua marca, porque estava atenta aos seus desejos e lutou para que se realizassem, sendo pioneira em muitas das iniciativas nas quais se aventurou.

Karina começou esse processo aos quinze anos. Quando fazia um intercâmbio escolar na Austrália, quis trabalhar como salva-vidas na Surfers Paradise, uma praia na região da Gold Coast. Então, expressou seu desejo para os salva-vidas locais, que duvidaram da capacidade daquela adolescente ousada. Diziam que ela jamais poderia ser um deles, pois não tinha idade nem altura suficientes. Mesmo diante do ceticismo dos outros, Karina passou um mês frequentando a praia, que, apesar do nome, não tem boas condições para a prática do surfe, embora atraia muitos turistas. Insistiu diariamente na ideia, até que a equipe de salva-vidas aceitou sua proposta, colocando como condição que ela fosse aprovada no processo seletivo. Aquilo não barrou sua vontade. Ela estudou tanto que gabaritou a prova teórica. Na prova prática, veio o maior desafio: o mar estava com ondas grandes e ela teria que, em um tempo específico, correr pela areia fofa, nadar várias vezes até o alto-mar e carregar uma pessoa até a praia em segurança. Terminou dois minutos antes de estourar o cronômetro e fez dessa experiência o primeiro obstáculo "impossível" ultrapassado com obsessão, determinação e foco. E ainda teve a possibilidade de ser, por algum tempo, salva-vidas em uma das praias mais badaladas da Austrália.

De volta ao Brasil, no momento de prestar o vestibular, como muitos jovens nessa fase, ela não tinha clareza do que queria. Prestou então provas para vários cursos diferentes: direito, administração e medicina. Passou nas duas primeiras opções, mas não em medicina. De novo, foi atraída pelo desafio. Voltou ao cursinho decidida a tornar-se médica. Parou todas as atividades extras, como a prática de wakeboard, para se dedicar aos estudos. Passou.

Uma vez dentro da faculdade, novas dúvidas apareceram. Nos primeiros anos, pensava em ser oncologista, até descobrir o pronto-socorro. Afinal, notou que esse era o local com mais adrenalina nos hospitais, onde o médico nunca sabe o caso que irá atender. No pronto-socorro, aparecem pacientes com

ATENÇÃO

problemas crônicos de saúde, mas também pode chegar alguém esfaqueado, atropelado ou infartando. Em alguns casos, o atendimento é questão de vida ou morte.

Com foco voltado para a medicina de emergência, seguiu buscando novos níveis de dificuldade. Fez um curso de resgate aeromédico, que a capacitava a fazer atendimentos com helicóptero, e um curso de piloto, caso algum dia precisasse assumir o voo. Foi com um professor para os Estados Unidos, onde trabalhou e estudou medicina de emergência, e encontrou o que nem sabia que procurava: um curso de *wilderness medicine* (medicina de emergência em áreas remotas) — um tipo de treinamento que ainda não existia no Brasil e que, anos mais tarde, Karina ajudaria a difundir no país. Essa descoberta permitiria conciliar seus conhecimentos médicos com o trabalho na natureza, sem estar presa a um hospital.

Como estudante, Karina nunca deixou de praticar esportes. Durante a faculdade, trabalhava nos finais de semana como instrutora de mergulho. Isso a aproximou de outra oportunidade: no quinto ano de medicina, apesar de não ter nenhuma familiaridade com a televisão, foi convidada e contratada pelo canal SporTv/GloboSat para gravar um programa de esportes de aventura. Concorreu com centenas de jovens com experiência diante das câmeras, mas que durante o teste prático não foram capazes de andar de kitesurf na Barra da Tijuca. Mais uma vez, venceu. Viajou o mundo gravando programas para canais como Globo, Record, Discovery e OFF.

Em paralelo, nutria outro plano ambicioso: escalar o Everest, a montanha mais alta do mundo. Em 2013, após três anos de planejamento, Karina conseguiu viabilizar financeiramente a expedição e chegou ao topo do mundo na primeira tentativa. É um feito, considerando que cerca de oitocentas pessoas em média tentam escalar o Everest todos os anos, mas apenas

4 mil na história conseguiram chegar ao topo. Além disso, mais de trezentas pessoas morreram tentando. Desde então, cuida da Pitaya, a produtora de vídeos que fundou para investir na nova carreira, dá palestras e dedica pelo menos um mês do ano para trabalhar como médica em alguma região carente e remota. Tem como objetivo maior no futuro poder dedicar 100% do seu tempo a projetos sociais.

No caso de Karina, o que a motiva é muito claro: desafiar o que parece impossível e se dedicar a algo que envolva muita adrenalina, sempre com o propósito de salvar ou melhorar vidas.

Autoconsciência e propósito

De acordo com os teóricos da psicologia cognitiva, a atenção relaciona-se com a nossa capacidade de filtrar e selecionar informações relevantes diante de uma quantidade enorme de informações que chegam até nós, tanto por meio dos órgãos dos sentidos (o que acontece no mundo) quanto pelos nossos próprios processos internos (pensamentos, memórias, emoções). Por isso, considero que estar atenta é um processo contínuo de monitoramento do nosso meio interno e externo para determinar aquilo que é relevante e merece nossa energia. Nossa capacidade de filtro e seleção é amplamente influenciada pelo quão alerta estamos para o que acontece ao nosso redor e é guiada pela nossa autoconsciência.

O psicólogo Daniel Goleman elencou a autoconsciência como o primeiro componente da inteligência emocional. O conceito está ligado a uma compreensão profunda das próprias emoções, forças, fraquezas, necessidades e impulsos. Quem tem autoconsciência pode ser mais honesto consigo e com os outros. "A autoconsciência também está ligada à compreensão

ATENÇÃO

que as pessoas têm de seus próprios valores e metas. Quem é preocupado em planejar e fazer o diagnóstico honesto de suas forças e suas motivações sabe aonde está indo e por quê. Assim, por exemplo, conseguirá avaliar e ser firme ao rejeitar uma oferta de emprego financeiramente tentadora, caso não se enquadre em seus princípios ou objetivos de longo prazo", afirma o autor no livro *Liderança*.

A atenção, portanto, precisa da autoconsciência para funcionar bem. Se a pessoa não se conhece — em termos de desejos, valores e habilidades —, não conseguirá focar no que interessa e deixará passar as oportunidades. Uma das ideias defendidas pelo psiquiatra suíço Carl Jung, uma referência para Joseph Campbell e hoje uma inspiração para muitos estudiosos do desenvolvimento humano, é a de que a ampliação da nossa consciência nos permite descobrir o que nos torna únicos e, assim, capazes de desenvolver nossas potencialidades.

A autoconsciência é um processo contínuo que nos faz olhar para dentro, observar o que nos deixa realizados ou não, refletir sobre as nossas vidas e sobre quem desejamos nos tornar. É o que nos permite aproveitar uma onda para seguir com ela, mas também é o que nos permite tomar decisões mais convictas, mesmo quando temos que remar contra a maré.

Foi assim, atento às boas vibrações e às suas convicções diante das oportunidades, que o artista e diretor de museu Emanoel Araujo iniciou e seguiu sua trajetória. Ele cresceu ouvindo o pai dizer que não queria que os filhos se tornassem artistas, já que, como ourives, considerava que a própria vida havia sido um fracasso. No entanto, ciente das próprias habilidades e aspirações, Emanoel conta: "Eu sempre tive desejo de ser artista. Tinha uma tendência para o desenho, observação e criação. Visitava museus e galerias e estava sempre onde havia arte". Ele cultivou desde cedo, e sem incentivos, a curiosidade e uma habilidade.

29

Nascido em Santo Amaro da Purificação, município entre Salvador e Feira de Santana, na Bahia, foi influenciado também pelo ambiente ao seu redor. Foi colega de escola de Caetano Veloso e viveu o período áureo da cultura baiana na juventude. Entrou em segundo lugar na Faculdade de Belas-Artes e ganhou uma bolsa de estudos, que lhe garantiu a possibilidade de estudar. No terceiro ano, foi convidado para expor suas gravuras no Rio de Janeiro e recebeu uma resenha positiva de um famoso crítico de arte, Quirino Campofiorito. Ainda que a arte já estivesse dentro dele há tempos, para Emanoel, foi essa validação externa a garantia de que estava no caminho certo. A partir daí resolveu que precisava dedicar-se de corpo e alma à produção artística.

No início dos anos 1980, foi indicado para o Museu de Arte da Bahia, no qual planejou e implantou, com muito sucesso, um projeto que aumentou o nível de interesse e a visitação do local. Em 1992, foi convidado a dirigir a Pinacoteca de São Paulo. O começo foi trágico. Além da resistência que sofreu de parte dos intelectuais paulistanos — "como um baiano vai dirigir a Pinacoteca?" —, em seu segundo dia no cargo, de madrugada, foi avisado por um segurança que um temporal havia inundado a parte térrea do museu. De manhã, foi verificar o desastre com os próprios olhos. "Não botem a mão nessa água que pode ter leptospirose", gritou para os presentes. Limparam tudo, e Emanoel começou a transformação.

Enquanto pensavam sobre o projeto, a Pinacoteca recebeu a visita de Jacques Vilain, diretor do Museu Rodin de Paris, que, depois de alguns meses, mandou um telegrama a Emanoel dizendo que havia escolhido o espaço para fazer a exposição de Rodin em São Paulo. "Se é dada essa oportunidade, vamos enfrentar", pensou Emanoel, determinado a aproveitá-la. Conseguiu verba para reformar o local e transformou a Pinacoteca em um museu de ponta. A exposição de Rodin foi o marco para a visibilidade e a aprovação de um museu até então pouco conhecido do público. Em 2004, Emanoel ainda participou da fundação do Museu Afro Brasil, que dirige até hoje com maestria.

No entanto, se tem alguém que levou o conceito de autoconsciência ao limite, este foi Davi Murbach, que ficou tão atento aos próprios desejos que mudou de nome. Ele se tornou o Monge Satyanatha e foi morar em um mosteiro no Havaí.

Sat, como é conhecido, conta que seus pais se separaram quando ele tinha cinco anos, e ele e o irmão foram morar com o pai, que era um homem muito batalhador, mas seco e rígido, e deixou na memória do filho a lembrança de uma convivência triste e pesada. Nos finais de semana, iam a cultos na igreja evangélica tradicional que o pai frequentava. Desde cedo, tanto os cultos como a estrutura religiosa o incomodavam. "Eu ia para o estacionamento da igreja esperando o culto terminar, mas olhava para as estrelas e falava: 'Deus, eu quero conhecer você, quero saber quem criou essas estrelas'. Eu tinha um sentido de maravilhamento que a religião traz."

Sua distração era se afundar em livros. Quando Sat tinha doze anos, o pai faleceu de câncer de pulmão. A guarda passou então para sua mãe, uma artista plástica com a personalidade totalmente diferente da do pai. Ela o ajudou a viver um pouco mais como criança e menos como um adolescente intelectualizado, mas a convivência não durou muito. Quatro anos depois, por dificuldades de manter a autoridade sobre o filho mais novo, foi morar com o namorado e deixou Sat cuidando do irmão. Ela os sustentava, mas já não morava na mesma casa, apesar de os dois ainda serem adolescentes.

Dos dezesseis aos dezenove anos, ele foi feliz. Frequentava a escola, tinha namoradas, uma rotina comum de adolescente. Aprovado para o curso de engenharia da computação na

Unicamp, começou a sentir um vazio. "Descobri que havia um buraco dentro de mim e que aquele momento de grande alegria que eu estava tendo, na verdade, não tapava o buraco", conta.

Trabalhando em uma consultoria estratégica global, estava infeliz. Sua angústia era encontrar uma alegria, e ele se perguntava se isso aconteceria quando encontrasse a mulher perfeita ou um novo emprego. Seu único prazer na época eram as aulas de ioga e meditação, que começou a frequentar por indicação de um conhecido. Agora buscava nas leituras um significado mais profundo para a vida.

Durante uma conversa com um sócio da consultoria, foi questionado sobre os três livros mais importantes que já tinha lido. Balbuciou nomes apropriados para a área de negócios, escondendo o fato de que seus preferidos eram três livros sobre espiritualidade. Foi então que concluiu: podia mentir para o sócio, mas não para si mesmo. Aquele não era o lugar que refletia seus desejos mais essenciais.

A insatisfação o moveu. Decidiu escrever uma carta para um monastério, cujo mestre, que ele conhecia de livros, ainda estava vivo. Recebeu resposta e orientação. Para chegar ao monastério, precisaria se preparar em São Paulo, durante um ano, e deixar o trabalho e a namorada. Foi o que ele fez. Estava decidido. Uma vez cumprida essa etapa, viajou para encontrar os monges na ilha de Kauai, no Havaí, sem saber até quando ficaria.

Viveu uma vida de austeridade. Trabalhava como agricultor e dava aula para turistas. Morava em uma cabana com um colchão de dois centímetros de espessura e fazia uma checagem com a lanterna antes de dormir para espantar aranhas e lacraias do espaço.

Quando enfim foi convidado a se tornar um dos líderes do monastério, sabia que teria que fazer votos e ficar ali para sempre — um compromisso incalculável. Não teve a reação esperada e ficou incomodado. Percebeu que não desejava se prender àquele local. Queria viajar o mundo, ensinando o que o havia transformado. Novamente, ele não se acomodou, e seguiu o caminho que a sua atenção aos próprios sentimentos indicava. Àquela altura, Sat tinha consciência de que, quando sabemos mais sobre nós mesmos e encaramos o que descobrimos, é mais fácil encontrar o *propósito* individual, uma palavra que anda muito desgastada, porque tem sido usada em qualquer situação e no sentido abstrato, como se fosse uma verdade universal e intangível. O propósito nada mais é do que algo que faz sentido para o indivíduo, que o alimenta, que o faz se sentir vivo e produtivo.

Nesse contexto, gostei muito de uma colocação de Oscar Quiroga, astrólogo argentino que vive há muitos anos no Brasil e ajudou a popularizar esse conhecimento por aqui. Quando o entrevistei para este livro, ele me disse:

> Existe o ardor interior. É o *drive*. Não podemos fingir que nosso *drive* vai para um lado quando, na verdade, está indo para o outro, não importa qual seja. A partir do reconhecimento e da honestidade com que lidamos com esse ardor interior, assumimos a coragem de ir em frente. Muitas vezes somos criticados por fazer escolhas aparentemente erradas. Mas se você protege seu ardor interior, apostando nele, ele te protege também.

Os monges compreenderam a situação e ajudaram Sat com uma passagem e 2 mil dólares. Sua primeira parada foi no Vale do Silício, nos Estados Unidos, mais precisamente em Palo Alto. Acreditava que ali haveria público para compartilhar suas experiências. Em pouco tempo conseguiu alunos, que lhe garantiam uma renda, além de uma autorização da principal biblioteca da Universidade Stanford para pesquisar manuscritos religiosos. De lá partiu para viajar o mundo dando aulas por três anos. Tinha suas malas e a sensação de alegria que há tanto tempo buscava. Em 2016, voltou ao Brasil e se estabeleceu em São Paulo como monge independente, fazendo atendimentos individuais e dando aulas para grupos. Seu trabalho hoje, como ele mesmo descreve, é ajudar as pessoas a crescerem dentro delas mesmas.

Tempo, paciência e persistência

Qualquer atividade com a qual a pessoa se identifique tornará tudo mais fácil. Como diz Samuel Beckett: "A partir do momento em que se conhece o porquê, tudo se torna mais fácil, uma simples questão de magia".

No entanto, às vezes, vontades que se manifestam em dado momento de nossas vidas levam tempo para ser colocadas em prática ou para fazer sentido. Nesse caminho, é necessário um monitoramento contínuo para que a atenção não se perca. Quantas histórias conhecemos de pessoas que, ao chegar a certa altura da vida, a um emprego que as faz infeliz, pensam que deviam ter seguido aquilo que realmente gostavam quando jovens? E que aquele sonho agora está enterrado em um passado distante. A atenção também pode se desenvolver e ser construída a cada novo ensinamento e experiência vivida.

Foi assim a trajetória de Marcelo Cardoso, executivo e fundador da consultoria Chie. Nascido em uma família humilde, vivia em casa um clima competitivo e machista, com muitos homens, entre seus tios e primos. Nesse ambiente, sua sensibilidade se destacava. Quando chorava, tomava bronca. Mesmo não sabendo articular, Marcelo entendia que suas angústias e seus questionamentos existenciais eram diferentes dos outros.

ATENÇÃO

Na adolescência, mudou-se com a família para Capão Bonito, cidade com menos de 50 mil habitantes no interior de São Paulo. A distância do caos da cidade grande permitiu que desenvolvesse melhor sua identidade, sem tantos estímulos da cidade grande e da família. Entendeu cedo que precisaria se esforçar para trilhar o próprio caminho, pois nada viria com facilidade.

Aos catorze anos, conseguiu um emprego como office boy em um escritório de contabilidade e, um ano depois, foi exercer a mesma função no Banco Nacional. Até hoje não sabe bem por quê, mas, certo dia, enquanto organizava arquivos da agência bancária, foi abordado por um funcionário do RH que tinha como missão buscar talentos para um programa de desenvolvimento, e foi escolhido para o projeto.

Aos dezessete anos, foi promovido a subgerente de serviço e logo engatou um programa de trainee que lhe permitiria alcançar o cargo de gerente, o que aconteceu aos dezenove anos. Pouco depois, teve uma indicação para trabalhar na área de planejamento financeiro da Método Engenharia, uma empresa que na época era uma escola de gestão, com uma forte cultura de desenvolvimento humano.

Enquanto crescia profissionalmente, teve dois marcos no seu desenvolvimento pessoal. O primeiro foi descobrir a terapia, um espaço onde enfim podia trabalhar suas inquietações pessoais, e o segundo foi enxergar seu propósito.

Em uma tarde de sábado de 1992, dirigindo pela Marginal Pinheiros, começou a sonhar acordado, visualizando um lugar em meio à natureza, bem diferente daquela visão de um rio poluído cercado de carros por todos os lados. "Eu estava à beira de um lago, e era um lugar que promovia a transformação das pessoas por meio da atividade física. Tive essa visão, do nada. Parei o carro e senti muito forte a emoção dessa visão",

35

conta. Nessa época, ele estava incomodado com seu trabalho na área financeira por entender que não construía nada que considerasse relevante para o mundo. A "revelação" era emocionante, mas precisava de mais tempo — e dinheiro — para se tornar realidade.

Alguns meses depois, andando sem compromisso por uma livraria, se deparou com o livro *Corpo sem idade*, da líder espiritual Chris Griscom. Encantou-se com a mensagem, que pareceu se conectar com a visão ainda pouco elaborada que havia tido. Ela falava de questões sutis e energéticas do corpo. Descobriu que Chris tinha uma viagem marcada para o Brasil e se inscreveu em seu workshop. Ao final, contou sobre sua visão, que agora já considerava um projeto (construir um lugar para ajudar os outros a se desenvolverem) e ouviu como orientação: "Quando dentro de você estiver realizado, por fora se manifesta". Entendeu que era hora de ficar tranquilo e dar tempo ao tempo.

Coincidência ou não — na visão de Marcelo, não —, sua carreira só progrediu enquanto dava atenção aos seus anseios internos. Tornou-se CFO da Método. Por indicação, juntou-se à GP Investiments como CFO do parque de diversões Playcenter. Depois, assumiu como CEO do Hopi Hari, outro parque de diversões, ainda em obras.

Conforme se desenvolvia, a necessidade de trabalhar com um propósito mais alinhado às suas crenças essenciais emergia com força. O *drive*, citado por Quiroga, começava a arder. Queria montar uma empresa para levar consciência e transformação para as organizações. Novamente, foi procurar conselhos de quem respeitava e entendeu que precisava de mais experiência com gestão de pessoas. Ficou quatro anos na DBM, uma consultoria em recolocação de executivos no mercado e recursos humanos. Foi ali que começou a amarrar diversos conhecimentos que havia acumulado até então sobre psicologia, desenvolvimento

ATENÇÃO

humano e neurociência, e acabou elaborando uma metodologia. Em 2008, sentia-se pronto para começar um negócio próprio. Mas passou ainda por empresas como Natura e Fleury antes de encontrar a oportunidade de realizar seus anseios. Finalmente, em 2014, sua visão de vinte anos antes começou a tomar forma no mundo real. Passou a atuar como consultor de transformação organizacional e de pessoas. Juntou seu conhecimento sobre negócios e sua visão sobre desenvolvimento humano para gerar impacto no mundo corporativo. Sua sensibilidade, seus questionamentos de sentido e sua profundidade analítica, que se revelavam desde que tomava bronca dos tios, foram se acumulando paralelamente ao seu conhecimento técnico e de gestão para serem resgatados de forma bela em sua carreira.

Por caminhos pouco óbvios, Marcelo foi descobrindo e refinando seu propósito. Aos poucos, aprendeu mais sobre si mesmo e o que queria. Construiu, entregou resultados e ao mesmo tempo em que não se deixou prender em ambientes foi se conhecendo melhor em cada um deles. Seu brilho foi justamente usar sua sensibilidade de ver, sentir e ouvir, permitindo que hoje esteja tão à vontade no trabalho que se propôs a fazer. Continua se aprofundando e se questionando sobre o que deseja, um processo que não acaba nunca.

Há sempre alguém melhor que você

Thomaz Srougi também precisou de tempo e persistência para atingir seus objetivos. Em diferentes momentos da vida, um dos fundadores do Dr. Consulta (uma rede de centros médicos que já atendeu mais de 1 milhão de pacientes e levantou quase 100 milhões de dólares em investimentos)[2] avaliou

37

o que realmente o motivava. Era como se apertasse o botão *pause* na cena de um filme para ver a situação de fora e, com calma, analisá-la.

Quando criança, se dedicou com afinco à natação. Além do prazer em dar braçadas na água, tinha uma segunda motivação poderosa para treinar: um colega mais rápido que ele. "Eu encontrava esse garoto nos campeonatos e ele era o único que ganhava de mim. Toda vez que eu treinava, pensava nele. Sabia que quando eu não estava treinando, era ele quem estava na piscina." A experiência revelou a Srougi uma lição de humildade, que, combinada à ambição, pode levar longe: "Não importa o talento que você tenha, tem sempre alguém melhor que você".

Quando precisou escolher entre nadar e estudar, ficou com a segunda opção. Queria fazer faculdade de administração. Entrou no mercado financeiro como trainee no Itaú BBA, um dos maiores bancos de investimento da América Latina. Operava câmbio e adorava o que fazia. Aos 24 anos, começou um MBA na Universidade de Chicago e retornou ao Brasil com um emprego na área financeira da Ambev, a maior cervejaria do Brasil, hoje filiada à maior do mundo, a AB Inbev.

No entanto, a atividade parecia sem propósito. Foi mais ou menos nessa época que leu um livro sobre as famílias mais ricas do mundo. Cerca de 90% delas tinham chegado lá vendendo um ativo. Pronto. Acabava de encontrar um novo motivador: precisava mudar de lado, entender de gestão, conhecer as entranhas das organizações e montar sua própria empresa. "O que me move é construir coisas ao lado de gente legal, algo que agregue valor e que, se der certo, dê dinheiro. Mas dinheiro não é o primeiro item da lista", diz. Deixou a segurança do cargo na Ambev e foi se aventurar no mundo do empreendedorismo.

ATENÇÃO

A neurocientista Carla Tieppo concorda com Srougi e acredita que o dinheiro não deve ser o motivador principal de uma decisão ligada à carreira. Ela acredita que a descoberta da motivação pessoal faz com que tomemos decisões melhores. Quando estamos muito engajados, os obstáculos diminuem. Por outro lado, quando estamos desmotivados, tudo parece difícil. "Você está em um lugar e sente que se encontrou. Dá pouco dinheiro? Não tem problema. Tem que viajar? Não tem problema. Não existe problema quando a pessoa encontra a profissão adequada para si", afirma.

Voltando à jornada de Srougi, ele tentou, em sua primeira aposta como empreendedor, em uma empresa incubada na USP, utilizar tecnologia para produzir portas de casa e escritórios com matéria-prima retirada do lixo. O sonho durou apenas seis meses e não deu certo. Voltou a trabalhar como funcionário, dessa vez no mercado imobiliário, mas ainda estava inquieto.

Em 2011, Srougi decidiu ser feliz, e seu envolvimento com gestão de empresas se uniu a sua vontade de resolver um problema do Brasil: "Há trilhões de problemas e cada um deles é uma oportunidade". Novamente, tinha um propósito em mente. O que ele escolheu para atacar dessa vez foi o sistema de saúde para as classes média e baixa. Criou o Dr. Consulta. Em sete anos, a empresa se tornou um caso de sucesso pela proposta inovadora na área médica. Sabendo do que era capaz e aplicando todas as suas habilidades em um projeto movido pela vontade de transformar problema em solução, conseguiu.

A atenção pode ser estimulada desde cedo

A possibilidade de ouvir a voz interior está intimamente relacionada a um ambiente propício às expressões autênticas: que

39

O QUE FAZ A DIFERENÇA

ofereça experiências e diversidade de relações, aumentando as chances de o indivíduo encontrar aquilo com o que se identifica; que estimule habilidades naturais para ajudá-las a florescer; que dê espaço para buscas que não correspondem a expectativas externas, abrindo espaço para caminhos inovadores.

Por outro lado, um contexto controlador, autoritário ou inseguro não cria condições para que a pessoa preste atenção aos estímulos internos nem permite executar os planos que deles surgem. Ele acaba inibindo o pensar criativo e limitando as escolhas possíveis.

Flavia Santana, doutora em psicologia social e organizacional pela USP, critica o fato de as escolas, em geral, não estimularem os jovens a pensar sobre si mesmos. Em algumas turmas de primeiro ano na faculdade, ela faz um exercício chamado "roda da vida". Os alunos fazem um círculo com diferentes áreas de suas vidas, como saúde, família e dinheiro. Param alguns minutos para refletir e dizer como estão em cada uma delas — bem, mal, mais ou menos? Geralmente, eles se surpreendem com o resultado. "Em vinte anos na escola, não aprenderam a cuidar de si mesmos, a ter um projeto financeiro, um projeto de vida, a reconhecer o que está bom e o que está ruim. Geralmente não sabem o que os mobiliza, o que desejam na vida. Ninguém os estimulou a isso", diz.

Se esse olhar interno não ocorre até a chegada desses jovens ao mercado de trabalho, eles podem ficar perdidos e fazer escolhas contrárias a seus desejos, habilidades e valores.

A orientadora vocacional Gilvanise Vial também acredita que autoconhecimento e autonomia para fazer escolhas são dois aspectos pouco estimulados em crianças e adolescentes. Isso fica claro quando ela começa o processo para ajudar na escolha da faculdade. A primeira pergunta que costuma fazer aos jovens é: "O que você tem em mente?". A maioria responde

40

ATENÇÃO

engenharia, medicina e direito. Depois, a pergunta é: "O que isso tem a ver com você?". A resposta é hesitante. "Aí começa o trabalho, focado em autoconhecimento e em conhecer as profissões. Eles precisam fazer uma escolha consciente, levando em consideração as características, as aptidões, os interesses, as habilidades, e fazer um planejamento de carreira", diz.

Uma questão comum entre os jovens que a procuram é tentar escolher a profissão pensando no que renderá mais dinheiro. A lógica, porém, falha na prática. "Não existe profissão que dá dinheiro, existem profissionais que têm retorno financeiro ou não, de acordo com a sua competência", afirma. Pela minha experiência, é exatamente assim que funciona. Dinheiro até pode ser consequência de uma decisão, mas não a origem.

Aos pais que estão lendo este livro, vale refletir sobre o ambiente que estão criando para seus filhos. Ao trabalhar com empresas familiares e *family offices*, aprendi que os estímulos para as crianças se desenvolverem devem começar bem cedo. O psicólogo clínico Luiz Alberto Hanns, especialista em orientar pais sobre a educação dos filhos, tem uma abordagem pragmática sobre o tema. Conheci seu trabalho pela minha enteada, Tide. Após ouvir uma palestra de Hanns, ela ficou impactada, fez um resumo-lembrete dos principais pontos e escolheu a porta da geladeira para colocar as dicas. Diariamente, lia e revia a lista de Hanns para não se esquecer do que precisava cultivar no desenvolvimento de seus dois filhos. E foi assim, lendo acidentalmente a lista na geladeira dela, que conheci essas ideias e decidi pesquisar mais sobre ele em vídeos e livros. Por ser muito relevante, decidi incluir e compartilhar esse conhecimento.

Ele defende que algumas competências precisam ser ensinadas às crianças desde cedo. Há alguns anos, uma lista que resume suas principais ideias em seis competências básicas (a mesma que está na geladeira de Tide) foi publicada no blog *Just Real Moms.*[3] Reproduzo-as abaixo, por acreditar que podem ser úteis para todos, em qualquer idade.

1. **Experimentação.** Estimular o filho a experimentar coisas novas. O prazer em experimentar se transformará no prazer em conhecer, estudar, no engajamento e no interesse genuíno.
2. **Desejo de ter autonomia.** O pai deve estimular o filho a conseguir fazer as coisas sozinho. Isso favorecerá na vida adulta a iniciativa, a proatividade, e ajudará a evitar que a criança se torne um adulto sempre dependente de outros.
3. **Inteligência emocional ou habilidade interpessoal.** É preciso estimular o filho a entender o que está sentindo, a nomear sentimentos, fazer com que ele se coloque no lugar das pessoas. Isso pode ser feito desde os três anos de idade. Assim, na vida adulta, ele poderá ter muito mais habilidade em lidar com os outros e com os próprios sentimentos.
4. **Capacidade de lidar com o erro.** Uma relação saudável é quando a criança aprende a olhar para o erro como uma oportunidade de treinamento, tentando corrigi-lo até acertar. Assim, é importante que a criança tenha uma autocrítica saudável até chegar ao acerto.
5. **Aprender a lidar com a frustração.** Essa competência vai resultar num adulto flexível que sabe buscar alternativas para o que pode não dar certo na sua vida.
6. **Capacidade de planejar a curto, médio e longo prazo.** Essa competência pode ser formada com brincadeiras e exemplos do dia a dia. O aprendizado de pensar e planejar precisa ser treinado, evitando a formação de uma pessoa imediatista ou alienada.

ATENÇÃO

No entanto, nem sempre o chamado interno fala alto o suficiente para ser ouvido. Muita gente primeiro enxerga uma inspiração do lado de fora para depois reconhecer o potencial que carrega dentro de si.

Conexão

COMO DIZIA O FILÓSOFO GREGO Aristóteles, o homem é um animal social e tem em seu instinto a vontade de participar de grupos e comunidades. Os grupos com os quais cada indivíduo encontra afinidades com seus valores e desejos podem contribuir para a tomada de decisão nos momentos de escolha do rumo profissional. No entanto, também são necessárias abertura e disposição para acolher o novo, o desconhecido, o que pode despertar desejos que o indivíduo nem sabe que tem. Isso é conexão. Há muitos casos em que a inspiração vem de fora, para depois a pessoa perceber o potencial que carrega dentro de si.

Quando eu estava no ensino médio, convivia muito com universitárias que vinham de outras cidades para estudar em Assis, cidade do interior de São Paulo em que eu morava e que abriga a Faculdade de Ciências e Letras da Unesp. A mãe de uma amiga era dona de uma pensão de estudantes, e eu gostava de visitá-la, pois as estudantes conversavam comigo sobre

CONEXÃO

todos os assuntos e eu me sentia tratada como adulta. Elas contavam como era a universidade e sobre o curso que faziam. Uma dessas estudantes teve muito impacto na decisão da carreira que eu mais tarde viria a seguir. Ela cursava o quarto ano de psicologia e tinha decidido fazer o quinto ano com foco em psicologia organizacional. Apesar da diferença de idade, ela se mostrou disponível para conversar e me explicar mais sobre o que significava essa história de psicologia organizacional (ou psicologia do trabalho). Naquele momento, comecei a prestar atenção no nome das empresas, estudar o que elas faziam e pensar onde eu queria estar e o que poderia fazer se estudasse psicologia. Terminei o ensino médio certa do que queria e, aos dezessete anos, ingressei na universidade. Comecei a estudar na Unesp, em Assis, mas, na metade do curso, mudei-me para São Paulo e me transferi para a PUC-SP, onde me formei. Aquela universitária nunca soube como transformou minha vida.

Esse pedaço da minha história é um exemplo de como as pessoas ao redor, mesmo que não tão próximas, podem influenciar nossas escolhas de maneira positiva. Elas servem de modelo ou inspiração e dão o empurrãozinho que falta no que diz respeito a qual carreira seguir ou em que empresa trabalhar. Muitos casos que estudei para escrever este livro começaram com escolhas de carreira estimuladas por pessoas que mostraram novas possibilidades e conduziram a um caminho que muito provavelmente não seria encontrado sem ajuda.

Esses "orientadores", em geral, têm experiência, conhecimento técnico e um vínculo pessoal que tornam a relação mais próxima. Eles abrem naturalmente um canal e passam a atuar como alguém de confiança. Podem modelar comportamentos e inspirar objetivos. Muitas vezes, são o motor de uma nova ideia, e capazes de abrir campo para uma nova perspectiva

45

sobre a vida, que pode ser desconhecida e até oposta ao caminho inicial. Na maioria das vezes, são generosos e querem realmente ajudar, sem um interesse por trás.

A generosidade é tema de estudo de um dos meus autores favoritos. Adam Grant, professor de Wharton, escreveu o livro *Dar e receber*, no qual defende a tese de que as pessoas mais bem-sucedidas em diferentes carreiras não são as mais egoístas ou as que agem com base no comportamento de troca de favores, o famoso "toma lá, dá cá". Elas são, sim, doadoras e altruístas. "Os doadores rejeitam a noção de que a interdependência seja sinal de debilidade. Costumam ver a interdependência, ou a constante conexão com o outro, como fonte de força, como meio de canalizar as habilidades de várias pessoas em prol do bem maior", diz o autor. Esse livro ficou durante muito tempo na lista dos que mais tiveram impacto sobre minhas decisões.

O neurocientista Moran Cerf, professor da Universidade Northwestern, afirmou que uma das decisões mais importantes que tomamos é com quem passamos nosso tempo. Ele explica que tomar decisões é cansativo, inclusive aquelas que parecem divertidas: o que comer, que música ouvir, como aproveitar o final de semana.[1] O segundo motivo é que nossas decisões são influenciadas por uma série de vieses.

A pesquisa de Cerf aponta que, quando uma pessoa está em companhia de outra, suas ondas cerebrais passam a ficar parecidas. Ou seja, as pessoas com quem convivemos podem ter um impacto considerável em nós. Portanto, estar perto de quem tem atitudes e comportamentos parecidos com o que esperamos de nós mesmos pode ajudar a realizar essa expectativa e facilitar nossa tomada de decisão. E, se não temos ideia do que desejamos, essa conexão pode nos guiar ao desconhecido, que pode ser surpreendentemente bom.

CONEXÃO

As primeiras pessoas com quem convivemos durante a vida — e possivelmente aquelas que nos acompanham por mais anos — são nossos pais. Eles têm uma influência considerável sobre as nossas escolhas. Em dinâmicas familiares positivas, parentes mais próximos, como avós, tios, irmãos e primos, tendem a exercer um papel importante na vida de crianças e jovens. Alguns o fazem por serem generosos e conversarem sobre a vida real e suas experiências. Outros, por serem fortes, terem tido sucesso e nos servirem de inspiração — muitas vezes, nas férias, nas festas, nos almoços de família aos domingos.

Durante a infância e a adolescência, há outros núcleos de relacionamento que influenciam a formação das preferências e as decisões futuras. Ao entrevistar executivos, percebi que professores escolares, vizinhos e treinadores estão entre os mentores mais marcantes durante essa fase. Na faculdade, há os professores ou orientadores que se tornam mais próximos, e, no mercado de trabalho, chefes ou colegas mais experientes que podem tanto nos dar conselhos como ser a porta de saída para novas oportunidades profissionais.

Segundo a psicanalista Diana Corso, qualquer escolha que fazemos se baseia em registros de infância, ligados a figuras como pai, mãe, avós e irmãos. "Temos uma herança de identidade, simbólica, e tentamos fazer algo que nos identifique com ela. Pode ser que a decisão siga esses traços ou se oponha a eles — 'não quero ser nada do que foram'", diz.

Lygia da Veiga Pereira quase seguiu a primeira opção, mas acabou descobrindo um caminho diferente. Neta do editor José Olympio e filha do fundador das editoras Salamandra e Sextante, inicialmente seguiu pelo caminho óbvio da escrita. Seu pai, imerso na literatura infantojuvenil, dava à jovem Lygia originais de livros de autoras como Ana Maria Machado e Ruth Rocha. Aos doze anos, ela já escrevia. Ganhou um con-

O QUE FAZ A DIFERENÇA

curso do Círculo do Livro, uma editora que funcionava como um clube de assinatura.

No entanto, a escola a fez mudar de rumo. Cursou o ensino médio em uma escola onde não encontrou espaço para seu estilo coloquial. Os professores de português valorizavam quem escrevia com ares de intelectual e ela tinha um jeito que descreve como "mais Luis Fernando Verissimo". No entanto, não demorou muito para descobrir um novo interesse. Como também sempre teve facilidade em ciências exatas, aproximou-se aos poucos da área científica. No último ano, às vésperas de prestar vestibular para engenharia, se apaixonou pelas aulas de genética. Um professor de química de quem ela gostava muito um dia deixou a sala de aula sugerindo aos alunos que ficassem de olho "nessa tal de engenharia genética, porque isso vai dar o que falar". Lygia ficou com a frase na cabeça e, já na faculdade, resolveu saber como poderia se aproximar da matéria. Conseguiu seguir para onde queria e, muitos títulos de pesquisa depois, criou o grupo de estudos que deu origem à primeira linhagem de células-tronco embrionárias humanas desenvolvidas no Brasil. Lygia lembra com ênfase como a influência de dois professores mudou o rumo de sua vida.

No caso de Antonio Bonchristiano, acionista e CEO da GP Investments, o incentivo da mãe foi fundamental. Seu pai era juiz e, por conta disso, a família morou no interior paulista durante boa parte de sua infância. A mãe tentava compensar a diferença de ensino em relação às escolas de São Paulo com inclusão de tarefas extras. "Ela sabia que nosso desenvolvimento acadêmico estava aquém do que teríamos se estivéssemos na capital. Então, compensava incentivando e forçando a mim e a meus irmãos a fazer atividades em casa, como ler um livro que ela escolhia e depois escrever uma ficha de leitura", lembra.

48

CONEXÃO

Quando cursava na época a oitava série, a mãe contratou um professor particular de matemática, que foi uma figura importante para acelerar seu desenvolvimento. Egresso da Unesp de Botucatu, o professor ensinou cálculo e estatística a Bonchristiano, que pegou gosto pela disciplina. Por seu bom desempenho em matemática, passou em primeiro lugar na prova para fazer o colegial no Santa Cruz, um colégio tradicional de São Paulo. Depois, quando se inscreveu para universidades estrangeiras, o desempenho excepcional na disciplina também contribuiu para que fosse aceito em Oxford. Ao final do primeiro ano na universidade, tirou nota máxima em lógica, o que lhe rendeu uma bolsa.

Bonchristiano fez carreira internacional no mercado financeiro. Quando a empresa para a qual trabalhava fechou, na época da Guerra do Kuwait, ele decidiu voltar ao Brasil para trabalhar como investidor. Foi no período em que Beto Sicupira, hoje sócio da 3G, fazia sua sucessão como CEO das Lojas Americanas para montar e liderar um novo negócio com os sócios Marcel Telles e Jorge Paulo Lemann: a GP Investments, uma empresa de *private equity* que antecedeu a 3G. Por um conhecido em comum, os dois foram apresentados, e Bonchristiano recebeu uma proposta para entrar na companhia. Tornou-se sócio em pouco tempo e atuou como fundador e CEO do Submarino, uma startup da GP Investments — da qual Jorge Paulo Lemann, Marcel Telles e Beto Sicupira deixaram o controle em 2004.

A história das irmãs Venus e Serena Williams, duas das maiores jogadoras de tênis da história do esporte que, juntas, ganharam trinta títulos de Grand Slam, dificilmente seria a mesma sem a influência do pai. Certa vez, Richard Williams ficou impressionado com o valor do cheque entregue à vencedora de uma partida de tênis. Com duas filhas, estava ali a

O QUE FAZ A DIFERENÇA

oportunidade de transformar suas vidas, pensou. Estava decidido: elas seriam jogadoras de tênis. Richard estudou sobre o esporte e preparou um plano de carreira para as filhas.[2] Foi o primeiro técnico de ambas e deu início a uma história de sucesso única. Hoje, tanto Venus quanto Serena podem dizer que são responsáveis por tudo o que conquistaram, mas possivelmente nada teria acontecido sem o estímulo do pai. Ele não só influenciou a carreira das filhas como mudou o estilo do tênis feminino no mundo.

Segundo Maria Regina Brandão, psicóloga esportiva, a maior parte dos grandes atletas teve algum esportista como modelo, para o qual olhava e pensava "nossa, isso deve ser gostoso de fazer", e que serviu de estímulo para que começasse a praticar. Eles também estabelecem relações com mentores ao longo da carreira, que tanto pode ser o treinador como um atleta mais experiente ou um atleta já aposentado que tenha uma história inspiradora.

Em *O poder do mito*, Campbell também discorre sobre mentores e treinadores fazendo um paralelo com a mitologia.

O primeiro ensinamento seria seguir as sugestões do próprio mito e do seu guru, o seu mestre, alguém que saiba das coisas. É como um atleta, na sua relação com o treinador. Este lhe diz como pôr em ação as suas próprias energias. Um bom treinador não diz a um corredor exatamente em que posição manter os braços ou coisas desse tipo. Ele o observa correr e depois o ajuda a corrigir sua maneira natural e própria de o fazer. Um bom professor está ali para identificar possibilidades e potencialidades, e em seguida dar conselhos, não ordens.

CONEXÃO

A importância do mentor

Daniel Goleman classifica diferentes estilos de gestão, entre eles o "estilo de gestão treinador". Os treinadores são os líderes que aconselham, encorajam, orientam e não repreendem. São aqueles indivíduos capazes de ajudar os outros a encontrar suas forças e fraquezas, proporcionando tarefas desafiadoras. Estão abertos a diálogos, expõem suas expectativas e incentivam. A descrição faz com que esse tipo de líder pareça o chefe perfeito. Há um porém. Esse estilo funciona bem para quem está aberto e interessado em ouvir e melhorar o desempenho, mas não funciona para quem resiste ao aprendizado.

Durante minha carreira, recebi muitas pessoas que buscavam uma ajuda, um conselho ou uma avaliação. Tenho muito interesse e lucidez para ouvir ativamente e coragem para dizer o que penso, dar opinião e sugestões. Considerando esta uma habilidade, pensei em como eu poderia usá-la para ajudar a criar empregos. Fui buscar opções em que pudesse ajudar empreendedores com mentoria. Afinal, se negócios crescessem, seriam maiores as chances de esses empreendedores criarem novas oportunidades para mais pessoas. A primeira porta que se abriu nesse sentido foi a da Endeavor, uma organização de apoio ao empreendedorismo que vi nascer e crescer. Ajudei em alguns recrutamentos do time de liderança e passei a atuar como mentora dos empreendedores — o que faço há mais de quinze anos.

Desenvolvemos uma metodologia para fazer um diagnóstico completo dos problemas que chegavam. A ideia era não lidar com os "sintomas", mas investigar com mais profundidade a origem das dificuldades. Como mentora, compartilho o que faria na mesma situação, como enxergo o problema, e divido a experiência que tive em situações semelhantes.

O QUE FAZ A DIFERENÇA

Os mentores podem ter participação ativa nas decisões a serem tomadas na escolha da carreira. Alex Behring, cofundador da 3G Capital, fundo de investimento que controla gigantes globais como Kraft Heinz e RBI e cujos sócios controlam a AB Inbev, teve muitos mentores em sua vida. Seu gosto pela superação se revelou ainda na infância e o levou a se tornar sócio de alguns dos mais ousados e bem-sucedidos empresários do Brasil, Jorge Paulo Lemann, Marcel Telles e Beto Sicupira.

Filho de secretária de uma escola particular, tinha como benefício uma bolsa de estudos. No entanto, o colégio não era muito exigente. Percebendo isso, seus pais — seus primeiros mentores — decidiram que estava na hora de acabar com a moleza e o fizeram prestar prova para o Santo Inácio, um colégio tradicional da capital fluminense. Foi a primeira vez que estudou de verdade. Passou a frequentar um ambiente que valorizava a competição e a distinção de resultados dos alunos. O esforço teve recompensa e ele logo deslanchou.

Mais ou menos na mesma época, o pai deixou a agência de publicidade em que trabalhava. Alex, então, viu pela primeira vez o assunto dinheiro — ou a falta dele — entrar na agenda da família. Começou a buscar oportunidades para fazer algo que pudesse monetizar o tempo investido. Uma opção foi trabalhar nas férias. Aproveitou que uma tia — outra mentora — atuava na área de turismo e conseguiu uma oportunidade de trabalho com ela. A partir de então, recebia grupos de duzentas pessoas, distribuídas por cinco ônibus em grupos menores de quarenta. Tinha que resolver os problemas, as expectativas e os medos daqueles que muitas vezes estavam em sua primeira viagem fora do Brasil.

Em 1989, já na época da faculdade de engenharia, seu ex-chefe no Citibank, onde estagiou por alguns meses — um novo mentor —, saiu do banco para começar um negócio de redes de

52

CONEXÃO

computador para o mercado financeiro e convidou Alex para trabalhar com ele. O jovem acabou se tornando sócio minoritário do negócio. Depois de cinco anos de trabalho, com dinheiro guardado, decidiu vender sua participação na firma e aplicar para o MBA em universidades americanas. Entrou em Harvard. Durante o curso, era comum que os estudantes participassem de conversas com empresas que queriam recrutar jovens. Em um jantar para brasileiros, conheceu Marcel Telles e Beto Sicupira, que se tornariam seus principais mentores. Ouviu os planos para a GP Investments — na época com menos de um ano de atividade — e adorou a proposta, na qual aceleração de desenvolvimento e sucesso dependeriam exclusivamente do tamanho da entrega e do desempenho. Também tinha como objetivo fazer com que as pessoas se tornassem sócias rapidamente. Assim, em 1994, estava no novo emprego.

Com o apoio de Beto, aos trinta anos assumiu o posto de CEO da companhia ferroviária ALL, que comandou por sete anos. No momento em que o negócio fez seu IPO, desligou-se da empresa para fundar a 3G Capital nos Estados Unidos. Desde então, continuou parte da turma que se tornaria uma das mais importantes do mundo. Alex contou com o cumprimento da promessa de entrar como sócio e teve uma rápida escalada na carreira. Sua trajetória é um bom exemplo de como estímulos externos podem despertar o potencial se estivermos abertos à orientação e às oportunidades e se entregarmos os resultados combinados.

Filmes, TVs e outras conexões

As conexões que podem influenciar uma pessoa a decidir que carreira seguir nem sempre envolvem pessoas. Elas podem

O QUE FAZ A DIFERENÇA

acontecer por meio da leitura de um bom livro, de uma música ou de um programa de TV. Foi o caso da bailarina Inês Bogéa, que teve um chamado inusitado, mas poderoso, que mudou sua vida da noite para o dia.

Inês costuma dizer que sua história no balé começou de cabeça para baixo. Ela aprendeu a plantar bananeira e a fazer estrela sem as mãos antes de dominar o equilíbrio sobre as sapatilhas. Aos sete anos, a jovem capixaba começou a praticar ginástica olímpica. Adorava o esporte e, aos onze, tornou-se campeã brasileira. Logo antes de ganhar o título, o técnico que a acompanhava deixou o cargo, que foi assumido por uma nova treinadora. Acostumada à liberdade do antigo professor, Inês não se adaptou ao estilo mais cartesiano da nova técnica. Quando quebrou o cotovelo, aproveitou a deixa para largar de vez a ginástica.

Aos treze anos, depois de uma experiência frustrada nas aulas de capoeira, uma imagem na televisão a inspirou a trilhar um novo caminho. Sequer conhecia o balé, mas uma noite, ao chegar em casa, encontrou o pai assistindo a uma encenação de *Lago dos cisnes*. Foi dormir embalada pelas cenas das bailarinas que, com tanta leveza nos movimentos, pareciam flutuar. Matriculou-se no balé atraída por aquela imagem.

Desde o primeiro dia de aula, Inês relata ter sentido que aquela seria sua vida. A dança lhe proporcionava um "silêncio interno", um contato íntimo consigo mesma. Não atrapalhava o fato de aos seus ouvidos chegarem as instruções da professora e a música do ensaio, pois o que ela sentia é que havia encontrado o seu lugar.

Ela cresceu e se formou na Royal Academy of Dance, a maior organização de exames e treinamento de professores de balé clássico, com parceiros ao redor do mundo, como a Escola Lenira Borges, em Vitória. Participou do grupo jovem

CONEXÃO

dessa instituição e chegou a ser assistente de direção. Aos dezoito anos, Inês engravidou e mudou-se com o companheiro para Belo Horizonte, onde se matriculou na escola de dança do Palácio das Artes. Passou a dividir seu tempo entre as aulas de dança e a faculdade de biologia. Continuou as aulas com um novo professor, Carlos Leite, quem ela considera um dos grandes mestres da história da dança.

Diante dos novos desafios, faltava-lhe energia, sentia-se exausta e quase sem forças para dançar. Em uma consulta do filho, o pediatra deu um diagnóstico inusitado: o bebê, na época com quase dois anos, estava ótimo. Era a mãe quem precisava de ajuda. Com pouco sono e se alimentando mal, seu corpo estava de fato sem energia. A recomendação foi que Inês voltasse para a casa da mãe, em Vitória, para ter quem a ajudasse.

Em 1988, ela soube de uma audição para bailarina profissional no Palácio das Artes. Foi aprovada e voltou a morar em Belo Horizonte. A vontade de ser bailarina prevalecia. Um ano depois, conseguiu uma vaga no Grupo Corpo, um dos mais importantes do país, onde atuou por doze anos.

Com pouco mais de trinta anos, após uma década no Grupo Corpo, Inês sentiu que seus movimentos já não eram tão ágeis como os dos outros bailarinos. Aquela lhe pareceu a hora de parar. Mas o que fazer da vida depois de uma carreira na dança? Mudando de rumo sem mudar de tema, Inês começou a pensar nos grandes festivais que tinha frequentado no Brasil e no mundo, sem nunca conseguir assistir às outras apresentações por falta de tempo. Aquele seria o momento de tirar o atraso. Passou a frequentar ensaios e montou um grupo de estudos da dança em sua casa. Então, começou a escrever sobre dança na imprensa. Decidiu cursar filosofia e voltou seu olhar para a educação pela cultura. Seu ritual de passagem de bailarina a pesquisadora se deu quando participou da produção de um livro de ensaios sobre o Grupo Corpo. Em 2007, foi convidada a fundar a São Paulo Companhia de Dança, grupo que dirige até hoje. As escolhas ao longo da vida sempre tangenciaram sua decisão inicial e ela nunca se afastou da atividade à qual tanto se dedicou e que tanto amava.

As imagens da TV também influenciaram decisivamente a corredora Ana Luiza dos Anjos, conhecida pelo apelido Animal. A transformação de sua vida só aconteceria depois de anos de sofrimento. Abandonada pela mãe ainda bebê, cresceu em um orfanato. Como ela mesma descreve, não aprendeu nada durante a infância e a adolescência. "Eu só apanhava. Era beliscão, soco, xingamento. A professora falava 'você não sabe nada, você não vai aprender, você vai ser burra', mas eu nunca tinha feito nada para ela. Eu era uma pessoa triste."

Quando completou dezoito anos, foi trabalhar como doméstica. Nunca recebeu salário, e, claro, sabia que isso não era correto. Após cinco meses, decidiu pedir demissão. Chegou ao centro da cidade de São Paulo, na Sé, com uma mala de roupas e um cobertor. Distribuiu todas as suas roupas para moradores de rua, e ficou com o cobertor para se proteger do frio.

Tornou-se também uma moradora de rua. A primeira droga que usou foi cola, sob influência dos meninos com quem convivia, que garantiam que a substância eliminava a fome e o frio. Depois, experimentou maconha, cocaína e heroína. Para sobreviver, roubava. "Eu era bem ladrona, eu não tinha medo de nada. O que viesse era lucro. Tinha mais dinheiro do que os meninos porque eu pegava bolsa de mulher, chegava de fininho, puxava e saía correndo."

Ficou um período sem drogas porque faltava dinheiro para comprá-las. Passou por uma crise de abstinência e pensou que fosse morrer. Diminuiu o consumo de drogas por recomen-

CONEXÃO

dação de um médico que a atendeu em uma das crises. Nessa época, passando pela vitrine de uma loja de eletrodomésticos, parou para assistir ao filme *Carruagens de fogo*, cuja trilha sonora é normalmente usada quando se contam casos de superação. Ficou impressionada com os personagens correndo de short e camiseta branca. Naquela hora, nasceu um desejo: também queria correr.

Um dos colegas de rua que estava com ela na hora a desafiou: "Você não vai conseguir correr". Ana Luiza o mandou ficar quieto e esperar. Ela traria a medalha, prometeu.

Teve ajuda dos amigos: cada um conseguiu um acessório para corrida. Roubaram shorts, tênis, meias e camisetas. Com o pouco dinheiro que tinha, inscreveu-se em uma maratona.

Durante a corrida, quando ficava cansada demais, ela parava e deitava. Corria forte e parava. Andava. Corria de novo. Na linha de chegada, encontrou os meninos. Deu de presente a medalha que tinha prometido — e roubou mais uma para guardar de lembrança. Tirou o tênis, menor que seu pé, e sentiu um alívio a mais. Passou cinco dias com dor na perna. Chegou a achar que morreria por isso. O mesmo garoto que a desafiou teve a missão de roubar o remédio para as pernas.

Ela não parou de correr, e seu jeito agressivo de falar, no tom e nas palavras rudes, inclusive durante as corridas, chamou tanto a atenção de quem estava ao redor que foi parar nos ouvidos de Fausto Camunha, então secretário de Esportes de São Paulo. Ele a acolheu e quis ouvir sua história. Ela ganhou um treinador e um lugar para morar: passou a ser treinada pelo técnico Wanderlei de Oliveira e a morar no Conjunto Desportivo Constâncio Vaz Guimarães, onde fica o ginásio do Ibirapuera, em São Paulo.

Hoje, Ana Luiza representa o Brasil no exterior e acumula títulos de campeã em meias maratonas pelo mundo: Europa,

57

Estados Unidos, América Latina e Ásia. O esporte lhe trouxe títulos, mas não o sustento financeiro. Para viver, ela depende de bolsa Atleta. Na época em que fiz a entrevista, no final de 2017, estava preocupada porque o auxílio havia sido interrompido pela crise.

O ambiente ensina

A escola, o local de trabalho ou um novo cenário podem nos inspirar. Quando nos conectamos com o que eles oferecem, temos a possibilidade de definir um rumo. Algumas empresas, por exemplo, podem ter o mesmo impacto que um bom mentor. Uma organização sólida é como uma família funcional. Ao longo da vida, percebi que algumas organizações servem como um curso avançado sobre ambiente corporativo, implicitamente oferecendo orientações de carreira para os profissionais. Dentro delas, aprendemos sobre estrutura, métodos e cultura, além de criarmos disciplina em tarefas básicas. Passamos a conhecer também comportamentos adequados para situações não necessariamente ligadas ao negócio: como se alimentar na hora do almoço em um dia corrido, como falar em uma reunião, como lidar com um feedback e até como organizar um ambiente de convívio coletivo.

No início dos anos 1980, quando o publicitário Celso Loducca se aproximou, meio que por acaso, da propaganda, ele era professor de cursinho. Já tinha começado e largado várias faculdades, como química, biologia e engenharia. Um dia, ouviu a dica de um amigo para aumentar sua renda: "Soube que estão precisando de gente para trabalhar em um negócio bem legal, uma empresa de propaganda, e acho que pagam bem". Não tinha ideia se o que sabia fazer era sufi-

CONEXÃO

ciente, até saber que buscavam redatores, e escrever era um de seus pontos fortes.

Quando cursava a sexta série do ensino fundamental, ganhou o concurso de melhor redação de Dia das Mães no colégio paulistano Dante Alighieri. As pessoas que o conheciam diziam que ele escrevia bem. Ele não achava isso, mas a memória afetiva fez com que decidisse experimentar a carreira de redator publicitário. Decidiu começar como já estava acostumado: se matriculou em um curso da ESPM para entender mais sobre comunicação. Àquela altura, já era especialista em prestar vestibular. Logo conseguiu um estágio, no qual tinha como função produzir histórias em quadrinhos. Mas aquilo lhe pareceu algo limitado, e ele viu que ali não teria futuro. Mostrando o portfólio de seus trabalhos em quadrinhos, conseguiu um segundo estágio na Ogilvy, onde participava das reuniões em que as campanhas eram discutidas. Por algumas boas ideias, foi contratado como redator júnior.

Um de seus grandes trunfos iniciais foi estar disposto a cuidar das contas que ninguém queria, como a da Estrela, empresa de brinquedos cujos comerciais eram veiculados pelas manhãs, ou seja, fora do horário nobre. Loducca também estudava publicitários famosos e aprendia com eles. Sua inquietude, sua sensibilidade e sua alta capacidade de entregar resultados e superar a expectativa dos clientes o ajudaram a se diferenciar. Mantendo seu padrão, largou a ESPM antes de concluir o curso. Ele já havia conseguido emprego na nova área, como desejava inicialmente, e sentia aprender muito mais na prática do que na sala de aula. Depois de viver alguns anos como um "coelho de quermesse", como costuma brincar, pulando de faculdade em faculdade, a nova profissão abriu espaço para aplicar seus conhecimentos, que haviam lhe dado um jeito único de raciocinar. Encontrou, então, um caminho que o levou para cima em alta velocidade, entregando resultados positivos e inovadores.

Em 1995, fundou a própria agência, a Lowe Loducca. A empresa cresceu e se tornou referência no mercado publicitário. Loducca construiu a equipe de maneira que conseguisse pagar bem seus funcionários e criar um ambiente em que as pessoas gostavam de trabalhar. E era um negócio rentável. Em 2007, Nizan Guanaes, do grupo ABC, se tornou sócio da agência. A unidade sob a gestão de Loducca continuou prosperando. Por diferenças na visão de futuro, Loducca decidiu deixar o negócio em 2015. Nos últimos anos, tem investido tempo em múltiplas atividades e projetos, como sua fazenda, onde possui eucaliptos, uma pequena produção de queijo e iogurte e a Casa do Saber, centro de debates e disseminação do conhecimento em São Paulo, da qual é professor e sócio-fundador. Em 2019, fundou com alguns sócios a Ventre Studio, que realiza projetos culturais e de entretenimento. Como na juventude, continua aproveitando toda oportunidade de aprender.

Até mesmo a infraestrutura de uma escola pode mudar o rumo de uma carreira. Essa constatação nos leva à história de Bill Gates, fundador da Microsoft e um dos homens mais ricos do mundo. No final dos anos 1960, o jovem Bill passou a frequentar a escola Lakeside, em Seattle. Muitos anos antes de as escolas reconhecerem a importância dos computadores, o clube de mães da Lakeside decidiu montar um terminal na escola. Na época, computadores eram uma novidade para todo mundo e a brincadeira podia sair muito cara. Um dos professores de Bill chegou a gastar duzentos dólares em poucos minutos ao executar um comando acidentalmente. Apesar disso, a escola optou por manter o terminal aberto para o uso de alunos e professores. Bill, ainda na sétima série, e Paul Allen, seu futuro sócio, tornaram-se usuários frequentes do terminal. O pensa-

CONEXÃO

mento de vanguarda da comunidade da Lakeside e o repentino interesse dos dois alunos mudaram a história da computação.

Já Oscar Quiroga, um argentino que se tornou um dos astrólogos mais conhecidos no Brasil, conforme citei anteriormente, teve como estímulo a sua decisão uma temporada na região paradisíaca de Arraial do Cabo, no Rio de Janeiro. Ele deixou Buenos Aires em 1978, interrompendo o curso de medicina. O país vivia o duro período da ditadura militar, e pessoas próximas a Quiroga já haviam desaparecido. Seu destino inicial era a Alemanha, mas ele decidiu ir antes a Arraial do Cabo visitar alguns amigos e por lá ficou. Deslumbrado com a beleza do lugar, decidiu que ali seria sua casa por pelo menos um ano. Seus amigos estavam engajados na busca de discos voadores, e faziam expedições, das quais Quiroga participou sem nunca ter avistado algum. Se a convivência não o apresentou aos extraterrestres, aquele ambiente, que misturava a filosofia hippie com a descontração brasileira, permitiu que ele entrasse em contato com a astrologia e o esoterismo, que ampliaram sua curiosidade e perspectiva sobre o ser humano e o universo. Aprendeu a fazer mapa astral e a interpretá-lo por interesse próprio.

A ansiedade de ter um diploma universitário o levou a São Paulo. Seu plano era voltar a cursar medicina, mas não tinha o preparo exigido no vestibular, então decidiu pela psicologia. Foi aceito na PUC. Para pagar o curso, precisava trabalhar. Começou, então, a usar o conhecimento de Arraial do Cabo: calcular e interpretar mapa astral, sem pretensão alguma de fazer isso pelo resto da vida. Durante alguns anos, trabalhou no Aguadeiro, um instituto esotérico no bairro de Perdizes. Em 1986, a dona do instituto foi contratada para estrear a seção de horóscopo do "Caderno 2" do jornal *O Estado de S. Paulo*. Por ser uma coluna diária, pediu a ajuda de outros astrólogos, que não se interessaram, até chegar a vez de Quiroga. O jovem não ficou nada lisonjeado, mas precisava de dinheiro e aceitou o trabalho. Nos anos 1980, fazer horóscopo de jornal era uma tarefa abominável para os profissionais da área. Quiroga passou cerca de seis meses fazendo horóscopos como os que existiam na época. Ele lia outras colunas em busca de inspiração. Passado esse tempo, viu-se diante de duas opções: desistir de um trabalho horrível no qual não acreditava ou dar outro formato à coluna, escrevendo do seu jeito. O que ele sabia era que não queria escrever todo dia, doze vezes, variações do mesmo tema, como *Lua em quadratura com Saturno* ou *você vai ter um conflito com seu chefe*. Estudou, incluiu mais técnica e base humana ao texto e aderiu a uma escrita mais livre. O novo estilo agradou os leitores, a coluna ganhou visibilidade e Quiroga passou a assinar oficialmente a seção.

Ao desenvolver um senso de propósito na elaboração do horóscopo, criou uma abordagem peculiar que o diferenciou dos outros astrólogos. Foi ele quem inaugurou o bom horóscopo de jornal. Não se fixou na ausência de protagonismo e reconhecimento iniciais e teve o atrevimento de ir ao encontro de um objetivo maior, ainda que isso significasse um mergulho no desconhecido. Faz mais de trinta anos que mantém a coluna.

No entanto, nem todos têm no exemplo ou no amparo alheio um impulso para a mudança. Há caminhos menos suaves e mais tortuosos que provocam um tipo de força que só a dor pode despertar.

Ruptura

Era uma vez uma família e uma vaquinha. Eles tinham um bom sítio, mas uma vida muito humilde em uma casa de chão batido. A vaquinha era seu único patrimônio e sua única fonte de sustento. Com o leite que ordenhavam diariamente, produziam queijo, coalhada e mingau, o mínimo para se alimentarem. Trocavam o que sobrava por outros alimentos na cidade vizinha. Assim os anos iam passando.

Certo dia, um sábio que passava pela região com um discípulo decidiu bater à porta da casa para entender como a família garantia seu sustento. O casal, muito hospitaleiro, recebeu os visitantes. Desculparam-se pelos hábitos simples e contaram que viviam com a ajuda da "milagrosa" vaquinha. Os dois ouviram atentamente a história. Ao seguirem viagem, o sábio pediu ao seu discípulo que encontrasse a vaca e jogasse o animal do precipício. Ele contestou o mestre, mas, diante de sua firmeza, só lhe restou a alternativa de cumprir o pedido.

Os dois seguiram seu caminho, mas o discípulo jamais esqueceu da cena. Muitos anos se passaram, e um dia, com peso na consciência, o discípulo decidiu voltar ao local para visitar a família. Queria saber o que tinha acontecido e ajudá--la financeiramente. Ao chegar, encontrou uma bela casa de alvenaria, com carros na garagem e um agradável jardim com crianças brincando. Em nada parecia o sítio de antigamente. Chamou pelas pessoas que tinha conhecido para saber mais sobre tamanha transformação.

Os pais e os filhos usavam roupas melhores, tinham um aspecto mais forte e saudável. Contaram o que tinham passado desde a morte da vaquinha. "Quando ela morreu, para sustentar minha família, tive que plantar ervas e legumes. Como as plantas demoravam a crescer, comecei a cortar madeira para vender. Ao fazer isso, tive que replantar as árvores e comprar mudas. Ao comprar mudas, lembrei-me da roupa de meus filhos e pensei que talvez pudesse cultivar algodão. Passei um ano difícil, mas quando a colheita chegou, eu já estava exportando legumes, algodão e ervas aromáticas!"[1]

A FAMÍLIA NUNCA HAVIA SE DADO conta de todo o potencial do sítio. A parábola da vaquinha já foi incorporada por palestrantes motivacionais e discursos de autoajuda. Mesmo tantas vezes repetida, é uma história adorável, que coloca de maneira metafórica a grande lição de que, às vezes, é preciso que passemos por uma situação limite para despertar.

Quem já perdeu algo de valor ou alguém importante sabe o quanto pode ser traumático. No entanto, algumas pessoas conseguem superar a dor e transformá-la em energia para um recomeço com novos e inesperados frutos. Como citado anteriormente, a ruptura como ativador significa deixar a zona de conforto voluntária ou involuntariamente em função de um trauma, como doença ou morte de alguém próximo. Como é comum que nesses momentos aconteçam saltos evolutivos, identifiquei a presença desse pilar em muitas trajetórias de sucesso.

Temos poucas certezas na vida, mas a de que vamos enfrentar dificuldades em algum momento — na maioria das vezes, vários — é uma delas. Portanto, algo que pode diferenciar o caminho de duas pessoas com as mesmas oportunidades é a maneira como reagem quando encontram barreiras.

Martin E. P. Seligman, pioneiro da psicologia positiva, escreveu um artigo para a *Harvard Business Review* inspirado em perfis encontrados em estudos que conduziu usando personagens fictícios que descrevem o que quero dizer com "diferenciar o caminho".[2]

Ele pede que imaginemos Douglas e Walter, dois profissionais demitidos de seus empregos em Wall Street. Ambos ficam tristes, indecisos e ansiosos em relação ao futuro. Para Douglas, foi passageiro, e, duas semanas depois, ele se convenceu de que a economia atravessava um momento ruim e que eventualmente haveria um lugar para as suas habilidades no mercado. Mandou seu currículo para dezenas de empresas em Nova York. Nada feito. Depois, tentou seis empresas de Ohio, seu estado natal, e conseguiu uma vaga. Walter, por outro lado, se deixou abater pela desesperança. Concluiu que não trabalhava bem sob pressão, ficou pessimista em relação à economia e voltou a morar com os pais.

Os dois estão em lados opostos no espectro de possíveis reações ao fracasso. Douglas retomou a vida depois de um período de indisposição, Walter foi da tristeza à depressão e permaneceu com um medo paralisante do futuro. "O fracasso é uma quase inevitável parte do trabalho; assim como o fim de um romance, é um dos traumas mais comuns na vida. Pessoas como Walter quase sempre descobrem suas carreiras bloqueadas, e empresas cheias desse tipo de profissional estão condenadas em tempos difíceis", diz Seligman no artigo.

Há um terceiro grupo de pessoas que não permanecem em depressão nem voltam a ser o que eram. Elas crescem, ficam mais fortes e descobrem novos significados após a experiência traumática. Esse último grupo seria a personificação da famosa e clássica frase de Nietzsche: "O que não mata, fortalece". O resultado é chamado pelos psicólogos de "crescimento pós-traumático".

Sheryl Sandberg, coo do Facebook e uma das vozes mais ativas atualmente para defender as mulheres nas empresas, perdeu o marido, David Goldberg, de forma repentina, em 2015, quando os dois estavam de férias em um hotel no México. Em 2017, ela lançou o livro *Plano B*, escrito em parceria com Adam Grant, no qual discorrem sobre encarar adversidades, construir resiliência e buscar novamente a alegria.

Ela fala com aparente sinceridade sobre seus sentimentos, suas reações e suas reflexões após a morte do companheiro e conta casos de outras pessoas que passaram por situações dolorosas. "Uma experiência traumática é um terremoto que sacode nossa crença num mundo justo, que nos rouba a sensação de que a vida é controlável, previsível e tem sentido", escreveu.

Em um dos capítulos, ela conta a história de Joe Kasper, um homem que dedicou boa parte da vida a tratar pacientes com doenças graves. Seu filho Ryan foi diagnosticado na adolescência com uma forma fatal de epilepsia e morreu três anos depois. Durante o tratamento, Kasper já havia começado a pesquisar sobre recuperação após um trauma. Quando Ryan faleceu, apesar do período de luto, ele decidiu não ficar no fundo do poço e foi estudar psicologia positiva com Adam Grant, na Universidade da Pensilvânia.

Ao se aprofundar no tema, ele descobriu que o crescimento pós-traumático pode aparecer de cinco formas diferentes:

encontrar força pessoal, ganhar apreciação, formar relações mais profundas, descobrir mais sentido na vida e ver novas possibilidades. Sheryl deparou-se com a pesquisa de Kasper após Grant lhe contar sobre a possibilidade de pertencer a esse terceiro grupo de pessoas que são empurradas para a frente após uma grande perda. "Ele me contou sobre crescimento pós-traumático quatro meses após a morte de Dave. Não soava real para mim. Pouco provável", conta a executiva. "Nos momentos de luto profundo, eu não imaginava ser capaz de ficar mais forte. Mas conforme os dias excruciantes tornaram-se semanas e depois meses, percebi que eu podia imaginar [o crescimento] porque eu estava vivendo aquilo. Eu tinha ficado mais forte apenas por sobreviver. Lentamente, muito lentamente, um novo senso de perspectiva começou a aparecer na minha rotina." Aos poucos, ela identificava em sua própria vida e na vida de pessoas conhecidas a realização das cinco formas listadas por Kasper.

Descobrir mais sentido na vida e ver novas possibilidades são consequências que podem pautar uma mudança de carreira. É possível ressignificar o trabalho, redescobrir uma vocação ou enxergar negócios nos quais vale a pena investir tempo e dinheiro.

Daniel Goleman, ao discutir a inteligência emocional dos líderes, classifica momentos de balanço na vida profissional. Um deles é quando a pessoa se dá conta de que "a vida é curta demais". Ela pode sofrer um trauma, grande ou pequeno, que desencadeia esse senso de urgência e uma avaliação da vida até ali. A sugestão do psicólogo, ao enfrentar uma situação como essa, é comparar aonde se chegou de fato ao que se sonhava inicialmente. "Como aprender a ouvir os sinais vitais e reagir antes que seja tarde? É preciso um esforço consciente e disciplinado de autoexame periódico", aconselha Goleman.

O QUE FAZ A DIFERENÇA

Segundo Joseph Campbell, em *O poder do mito*, um dos aspectos que se revela na mitologia é que, no fundo do abismo, desponta a voz da salvação. "O momento crucial é aquele em que a verdadeira mensagem de transformação está prestes a surgir. No momento mais sombrio surge a luz."

Paola Carosella e J. K. Rowling

Às vezes, os problemas e as soluções que emperram ou impulsionam a vida de alguém não são tão óbvios para quem vê de fora. Tudo ia aparentemente bem na vida da cozinheira argentina Paola Carosella, dona dos restaurantes Arturito e La Guapa (ambos em São Paulo), que ganhou projeção nacional como jurada do programa *MasterChef*, veiculado pela TV Band desde 2014. Porém, dois anos antes de ficar conhecida, em 2012, ela passava por uma crise que a fez um dia sentar-se em seu escritório à meia-noite e pegar duas folhas de papel em branco. Em uma, escreveu HOJE. Na outra, DOIS ANOS. Olhou para os dois cenários: por que estava tão infeliz naquele momento e onde queria estar em dois anos? O que poderia fazer para mudar sua realidade?[3]

Àquela altura, já tinha decidido que era cozinheira e não deixaria de ser, pois amava o que fazia. Era uma chef reconhecida e tinha se tornado mãe havia pouco tempo. Tirou os olhos dos papéis com mais algumas convicções: como todos os seres humanos, morreria um dia. Estava infeliz e precisava mudar — ninguém mudaria por ela.

Então, tomou uma decisão arriscada. Pegou um empréstimo para comprar a parte de seus sócios no Arturito e tornar o restaurante um lugar que refletisse a sua filosofia de que a boa gastronomia não precisava de tanta pompa e circunstância. Passou a se dividir entre a cozinha e a administração. Às sextas-feiras, passava o dia cozinhando o que "desse na telha". Fez o Arturito renascer no circuito gastronômico paulistano ao mesmo tempo em que reafirmava a sua paixão pela cozinha. Em uma das sextas-feiras, serviu empanadas de entrada. Foi um sucesso. Colocou empanadas no cardápio do jantar. Passou a receber encomendas. Criou no computador uma pasta com o nome "projeto empanadas". Até que, depois de duas experiências frustradas com sócios, achou alguém que a complementava nos negócios, que tinha capacidades administrativas e gerenciais que somavam ao seu conhecimento de chef. Ela e Benny Goldenberg, proprietário do Mangiare Gastronomia, inauguraram em 2014 o La Guapa, o primeiro café de empanadas latinas artesanais. Se naquela noite solitária em 2012 Paola deixou literalmente em branco o papel DOIS ANOS, tratou de ter histórias de sobra para preenchê-lo no tempo combinado consigo mesma. "As únicas certezas que a gente ganha na vida, ou que a gente aprende, são no inferno, nunca no paraíso", conclui.

O próprio Campbell dá seu conselho para situações como a vivida por Paola. "Ainda que você seja bem-sucedido na vida, pense um pouco: que espécie de vida é essa? Que tipo de sucesso é esse que o obrigou a nunca fazer nada do que quis, em toda a sua vida? Eu sempre recomendo aos meus alunos: vão aonde o seu corpo e a sua alma desejam ir", diz.

A história da britânica J. K. Rowling, criadora de Harry Potter, também é um exemplo de como os momentos mais difíceis das nossas vidas podem levar a redescobertas. Ela se tornou uma autora consagrada, com milhões de cópias da série sobre o jovem bruxo vendidas no mundo todo e posteriormente transformada em filme — mas não sem antes acreditar que ela era a personificação do fracasso.

Em 2008, J. K. fez um discurso em uma formatura de Harvard sobre os benefícios do fracasso. Desde muito cedo, soube que queria ser escritora, mas seus pais, de origem humilde, achavam improvável que uma imaginação fértil fosse capaz de pagar um aluguel. Então, foi para a universidade estudar línguas clássicas. No discurso, J. K. brinca que não culpa os pais por quererem protegê-la da pobreza. "Há uma data de validade para culpar seus pais por sugerirem a direção errada", afirma.[4]

Apesar de pouco motivada, passava de ano no curso. Morria de medo de dar errado. Até que, sete anos depois de sua formatura, encontrou-se em um estado de "fracasso épico". Um breve casamento tinha chegado ao fim, estava sem emprego e tinha uma filha pequena para cuidar, sozinha. "Eu era o maior fracasso que conhecia. E o fracasso não tem graça. Aquele período da minha vida foi escuro. Não sabia qual era a extensão do túnel e, por muito tempo, qualquer luz no fim dele era mais esperança do que realidade", afirma.

Mas a luz começou a aparecer. O fracasso a levou a se desfazer de tudo o que não era essencial. Deixou de fingir para si mesma ser algo diferente do que de fato era. Usou a energia que tinha para terminar o único trabalho que lhe interessava. Estava viva, tinha uma filha, uma grande ideia e uma máquina de escrever. Bastava. "Se eu tivesse obtido sucesso em qualquer outra coisa, talvez nunca houvesse encontrado a determinação para ter sucesso na única área em que eu acreditava pertencer. Tornei-me livre."

Para J. K., o fracasso lhe deu a segurança interna para fazer o que acreditava. "O fracasso me ensinou coisas sobre mim mesma que eu não poderia ter aprendido de outra maneira. Você nunca se conhecerá de verdade ou a força das suas relações até ter sido testado pelas adversidades."

RUPTURA

Saindo da zona de conforto pelo trauma

Há pessoas que são praticamente obrigadas pelas circunstâncias a assumir novos papéis, por mais que estejam absolutamente realizadas com suas carreiras. Acontecem eventos inesperados, não calculados, que desordenam todos os planos e levam a caminhos imprevisíveis e impensados. Situações de dor inesperadas, é claro, não podem ser provocadas. Quem gostaria de passar por perdas familiares, doenças e falências por escolha própria? Porém, depois que foram superadas, podem soar como uma jogada do destino para nos colocar de volta nos trilhos — ainda que de um novo caminho. Às vezes, nos momentos mais difíceis é que descobrimos forças que nem sabíamos existir dentro de nós. Habilidades para sair das situações mais complexas, para as quais não há como se preparar. É como no poema "A flor e a náusea", de Carlos Drummond de Andrade, no qual a flor inesperada rompeu o asfalto. "Façam completo silêncio, paralisem os negócios, garanto que uma flor nasceu."

A advogada Manuella Curti nunca imaginou se tornar presidente do Grupo Europa Purificadores de Água, empresa pioneira no mercado brasileiro, fundada por seu pai no ano em que ela nasceu, sem antes passar por alguns dos piores momentos de sua vida. Sentar na cadeira que ocupa hoje, antes ocupada por seu pai, não era uma cena que projetava.

Quando criança, Manuella lembra de ouvir o pai falar da empresa a maior parte do tempo, inclusive nos dias de lazer. Fazia parte de seus planos e sonhos que os filhos, quando formados, trabalhassem com ele. Mas Manuella era a penúltima da fila: a segunda mais nova de quatro irmãos. Os mais velhos seguiram a vontade do pai, que vinha carregada de certa pressão, mas ela resistia. Queria descobrir os próprios sonhos.

O QUE FAZ A DIFERENÇA

Começou a construir seu caminho durante a faculdade de direito. Trabalhou em escritórios de advocacia e na Procuradoria-Geral do Estado. Já quase no final do curso, recebeu o pedido de ajuda do pai que soava como uma convocação: a empresa passava pela necessidade de reestruturar a área jurídica em função de alguns problemas com advogados na época. Aquela era a sua área de interesse. Apoiar o pai, que lutava contra o câncer desde 1999, a encontrar uma saída para a questão era um motivo forte o suficiente para fazê-la rever os planos e a agenda. Decidiu dividir seu tempo, e passou a dedicar meio período à Procuradoria e meio período ao departamento jurídico da companhia. Em dois anos, fez o diagnóstico junto ao time contratado para isso e reestruturaram o departamento com um olhar estratégico.

Terminou a faculdade durante o período em que estava na empresa. Continuava firme na ideia de ter uma vida profissional independente da família. Em 2008, montou com um amigo um escritório de advocacia. No ano seguinte, na semana do Natal, pela primeira vez seu pai falou sobre a sucessão na presidência da empresa. Seu irmão mais velho seria seu sucessor e o processo começaria a partir daquele momento. A família passou o feriado em um sítio e Manuella podia ver a felicidade do irmão com aquele reconhecimento. Ele havia passado a vida esperando por essa notícia. Porém, no dia em que retornaram do sítio para São Paulo, uma tragédia mudou completamente o rumo da família, de Manuella e do negócio.

Durante uma parada para o lanche em uma padaria perto de sua casa, o irmão foi esfaqueado pelo segurança do local, após uma discussão de menos de trinta segundos. Tamanha a violência do golpe que tomou, faleceu imediatamente no local. Seu pai, que havia batalhado contra sucessivos cânceres

72

RUPTURA

nos anos anteriores, com a tristeza da perda do filho de forma inesperada não resistiu, falecendo seis meses depois.

Em choque, a família, após a perda do filho e do pai (sucessor e fundador respectivamente) teve que, ao mesmo tempo, superar a dor das perdas e voltar a pensar na sucessão e na gestão dos negócios, agora em situação de crise afetiva.

Esse processo impactou a família e, por consequência, os negócios. A empresa passou por uma crise de confiança com os colaboradores, fornecedores e clientes. Internamente, não havia uma liderança identificada e forte já desenvolvida para assumir a posição.

Manuella foi em busca de ajuda. Fez cursos e encontrou mentores. Ela destaca um deles: o empresário Wilson Poit, fundador da Poit Energia, que chegou a ser secretário de Desestatização e Parcerias da prefeitura. Ele a ajudava com mais questionamentos do que conselhos. "Ele me fazia perguntas, e eu não sabia responder. Mas isso me estimulava a ir buscar as respostas, então comecei a entender do negócio."

A partir das conversas com Poit, Manuella entendeu como conduzir as reuniões com diferentes finalidades: as de diretoria, de sócios e de conselho. Estruturou encontros periódicos com os outros acionistas e alguns convidados, formando um conselho consultivo, do qual Poit fez parte por alguns anos.

Aos poucos, foi assumindo informalmente a liderança da empresa. Um dia, o assunto foi pauta de conversa na família e seu nome foi confirmado como sucessão natural. Nunca tinha se imaginado nessa posição, mas passou a ocupar oficialmente a cadeira de principal executiva.

Suas melhores características apareceram no momento mais difícil, e ela foi capaz não apenas de atuar na gestão e execução, mas de desenvolver a visão e estabelecer planos para novos produtos ao identificar a necessidade de rejuvenescer o

73

negócio. Tirou-o de uma situação extremamente complicada por meio de uma enorme capacidade de superação e execução.

O publicitário Ralph Choate, filho de pai americano e mãe brasileira, também teve que mudar por causa de problemas familiares. Seu caso não envolveu a morte de parentes, mas sua expulsão de casa aos dezoito anos e o colapso financeiro da família. Após um trauma financeiro, ainda na adolescência, ele fez sua escolha profissional. O pai foi executivo de empresas americanas no Brasil e, já estabelecido, decidiu usar todo o dinheiro que havia economizado para comprar uma fazenda na fronteira com a Bolívia, em Rondônia. Ele chegou a estar entre os maiores latifundiários estrangeiros no país. Ralph passava a maior parte do tempo com a mãe, em São Paulo, que apesar de casada não queria trocar a vida profissional na capital paulista pela fazenda. Aos doze anos, o jovem foi para Rondônia morar com o pai durante um ano. Adorou a experiência. Porém, justamente porque o terreno estava em uma faixa fronteiriça, virou motivo de disputa com o governo brasileiro.

Falando mal o português e sem estar cercado de bons profissionais para apoiá-lo, o pai acabou perdendo tudo para o governo e voltou para São Paulo. Ao ver de camarote as dificuldades da família, o jovem Ralph logo concluiu: não quero ser empreendedor. A dor da perda o fez buscar a segurança e pegar o caminho oposto ao do pai.

Aos dezoito anos, decidiu prestar vestibular para medicina. Fez provas para universidades do Brasil inteiro, mas não passou em nenhuma. O pai, abismado com o resultado, obrigou Ralph a sair de casa. Mas o rapaz não se abateu pelas dificuldades e foi para Brasília, onde teve que se reinventar e traçar novos planos. Um amigo lhe emprestou o apartamento vazio de uma tia para morar enquanto procurasse trabalho. Passou por várias empresas na função de visual merchandising até chegar à holandesa C&A, a primeira empresa de moda no varejo self-service do Brasil. Começou como trainee em loja, gerente de produto e diretor, até ser convidado para dirigir a *house agency*, uma agência interna de publicidade.

Foi Ralph quem descobriu Sebastian, o primeiro afro-brasileiro a atuar como garoto-propaganda de uma marca no país, e que passou muitos anos sendo "a cara" da empresa. Depois, trouxe Gisele Bündchen como aposta quando ela ainda só era assunto no mundo dos cabeleireiros, fotógrafos e editores de moda estrangeira — justamente as fontes que ele consultava para não perder as tendências.

Por regra da empresa, foi obrigado a deixar o cargo aos 55 anos, mas queria continuar a trabalhar, e planejou montar a própria agência. Aproveitou que a filha estava morando em Nova York e foi para lá participar da NRF, o maior evento de varejo do mundo. Durante um break, acabou conhecendo Flávio Rocha, da Riachuelo. Os dois conversaram e marcaram uma reunião. Poucas semanas depois, ganhou a conta. Por dez anos, Ralph foi responsável pelo marketing, visual merchandising e *store concept design* da Riachuelo. Participou, dentre outras campanhas, da mudança do logotipo da marca para RCHLO, versão *redux*. Fez seu segundo caso de enorme sucesso e tornou a concorrente da C&A muito mais poderosa.

Uma vida cheia de tragédias

"Por que as pessoas mudam e quando elas mudam?", questiona a neurocientista Claudia Feitosa-Santana. "Quando a energia de estar na situação passa a ser tão grande que é melhor enfrentar a mudança. Quando a situação que você vive te exige esforço demais, a dor da mudança passa a compensar a dor da situação. É um dos momentos em que as pessoas mudam de carreira."

A mudança pela dor, apesar de ser uma situação psicológica — que é invisível — tem a ver com algo quase físico, como sair de perto do fogo porque ali está muito quente. Para quem está vivendo a experiência, no momento em que a dor fica insuportável, é inevitável a necessidade de fugir da fonte de sofrimento, o que vale para uma carreira angustiante.

Essa sensação de fuga acompanhou, praticamente todos os dias, a primeira parte da existência de Geraldo Rufino. Na sua história de vida, os percalços foram a regra, não a exceção. Momentos de dificuldade que poderiam se tornar o ponto final de seus sonhos foram encarados como mais um obstáculo entre tantos, parte de sua jornada. "Se por acaso tiver uma pedra no caminho, ela vai servir de degrau. Porque eu vou crescer de novo fazendo outra coisa",[5] resume o fundador da JR Diesel, a maior distribuidora de autopeças seminovas e pioneira em reciclagem de caminhões no Brasil.

Rufino nasceu e cresceu na favela do Sapé, em São Paulo, e começou a trabalhar como ensacador de carvão aos oito anos de idade. Depois, foi trabalhar em um aterro sanitário e ganhava dinheiro recolhendo latas. Colocava o dinheiro que ganhava em uma latinha e a enterrava no terreno vizinho para ninguém pegar. Sua primeira falência foi aos doze anos. O terreno onde escondia o tesouro foi vendido e Rufino chegou tarde demais. Só encontrou as máquinas já terraplanando o local. Suas economias foram soterradas.

Aos treze anos, entrou no parque de diversões Playcenter como office boy. Comprou um Fusca, que trocou por uma Kombi. Deu o carro para o irmão, que prestava serviço para uma transportadora. O negócio deu certo e eles compraram mais veículos. Em 1985, um acidente deixou os caminhões sem condições de uso. Prestes a ficar de novo sem caixa, Rufino achou uma solução: desmontar os caminhões e revender as peças, gerando recursos para quitar parte da dívida. Foi na solução para o sufoco que enxergou a oportunidade. Havia um mercado para reciclagem de peças automotivas — e a primeira empresa a ocupá-lo foi a JR Diesel.

O gaúcho Eloi D'Avila, fundador da agência de viagens Flytour, a maior em negócios do Brasil, também teve uma infância difícil. Décimo quarto filho de quinze irmãos, perdeu a mãe cedo e foi criado pela irmã em Porto Alegre. Ainda garoto, fugiu de casa e foi morar em São Paulo, onde passou alguns meses lavando carro, vendendo jornal e morando em albergues. Depois, conheceu um senhor na praça da Sé, para quem contou sua história. Ele ofereceu moradia a Eloi, que ficou em sua casa com suas filhas e netas. Ali o garoto poderia ajudar nas tarefas domésticas. A família o acolheu. Aos doze anos, foi trabalhar em uma loja de malas da rodoviária, onde conheceu uma colega que planejava ir trabalhar no Rio de Janeiro. Decidiu ir também, e avisou a família que estava indo embora. Passou meses no Rio lavando e guardando carros em frente ao hotel Copacabana Palace, onde conheceu um guia turístico que o levou para a Vovó Stella, fundadora da Stella Barros Turismo. Ela contratou Eloi como office boy e, ao saber que não tinha moradia fixa, o deixou dormir por várias semanas num sofá da agência. Até hoje, as lojas da Flytour possuem um sofá na entrada para lembrar as origens de seu fundador.[6] Exigente, Stella o ensinou a falar o português corretamente e lhe deu a oportunidade de crescer na empresa, onde ficou até os dezessete anos. Foi na Stella Barros que Eloi aprendeu os primeiros conceitos do mercado e iniciou sua carreira no turismo. O resto é história.

O psicólogo Mauricio Cotrim fez algo ainda maior com os seus traumas. Sua relação com as drogas começou ainda na infância. Filho de um alcoólatra, uma de suas primeiras memórias da infância é estar sentado no colo do pai provando cachaça e cerveja e achando tudo muito divertido. Aos 43 anos, Mauricio é especialista em pacientes dependentes químicos. Além da formação acadêmica, ele usa a própria experiência como uma ferramenta de tratamento.

Desde cedo, tinha resistência em respeitar a autoridade dos familiares e professores. Convivendo com amigos bem mais velhos do bairro, foi exposto a situações incomuns para garotos da sua idade. Aos sete, comprou o primeiro maço de cigarros para fumar sozinho. Aos dez, começou a usar inalantes, como cola de sapateiro. Repetiu a quinta série e, como continuou com desempenho baixo e arrumando confusão, foi convidado a se retirar do colégio. Passou mais dois anos em uma escola estadual, época em que já era usuário de cocaína. Abandonou os estudos aos quinze anos.

O consumo do crack por três anos seguidos, quase que diariamente, e as passagens pela polícia não demoraram a levá-lo ao fundo do poço. Certo dia, deitado no quarto da irmã, folheou uma revista *Trip* que trazia na capa uma série de reportagens sobre drogas. Era a primeira vez que ele se deparava com as palavras "dependência química" e lia uma descrição similar à própria situação sendo chamada de "doença" (mais tarde, conheceria o termo adicto). A reportagem sugeria que aqueles que se identificassem com o texto pedissem ajuda no Denarc (Departamento Estadual de Prevenção e Repressão ao Narcotráfico), que tinha um setor de assistência social. Sem esperanças na vida, Mauricio sentiu o desespero bater. Ele era um dependente químico, entendeu. Depois de ler a reportagem, ficou inerte no quarto da irmã pensando em sua situação e no quanto precisava de ajuda. Sua mãe chegou da feira e o encontrou ali. Quando viu que a televisão não estava mais lá

— ele a havia vendido para comprar drogas —, ela começou a gritar. No ímpeto, ele respondeu: "Eu sou um doente, sou um dependente químico, preciso de ajuda". Levantou-se e foi em direção à porta da casa. Iria ao Denarc. A mãe foi atrás, ainda sem entender que o acompanhava no caminho que mudaria a vida de todos. Depois de conversar com a assistente social de plantão e com a psicóloga, Mauricio foi encaminhado para um centro de recuperação em Campinas. Foi sua primeira oportunidade de ficar limpo. Seis meses depois, recaiu uma única vez. Usou drogas por cinco meses, até 13 de maio de 1995, quando parou definitivamente. A data, dia da libertação dos escravos, não poderia ser mais simbólica. Ele descreve seu *turning point* como um momento de desespero extremo. Não queria morrer jovem sem ter feito nada de relevante na vida — como via acontecer com muitos de seus amigos. Não tinha namorada, não conhecia o mundo, não havia terminado os estudos nem tinha profissão. Viu amigos de dezoito anos serem presos e morrerem na cadeia. A certeza de que seria o próximo o fez buscar um novo destino.

O hábito de frequentar grupos de mútua ajuda, baseado no método dos doze passos, foi uma parte fundamental em sua recuperação. Após três meses sem drogas, começou o supletivo e passou a fazer terapia com a psicóloga do colégio. Fez um teste vocacional que indicou sua inclinação para a psicologia. Começou a faculdade, mas a interrompeu para passar uma temporada nos Estados Unidos estudando inglês e construindo as experiências que tanto almejava ter na vida.

Quando retornou ao Brasil, em 2003, mergulhou definitivamente na área terapêutica, à qual se dedicava voluntariamente havia oito anos. Fez, então, uma formação técnica para começar a atender em consultórios e ambulatórios. Em 2005, voltou para a faculdade e formou-se cinco anos depois. Desde então, atende em consultório. Anos mais tarde, especializou-se em dependência química pela Unifesp e se tornou uma referência em sua área de atuação.

É inspirador como, no processo de deixar as drogas, Mauricio conseguiu terminar os estudos e encontrar um trabalho que é mais do que um ganha-pão. É uma realização pessoal e uma maneira de ajudar todos que passam por traumas parecidos com o seu, mostrando que, mesmo no fundo do poço, há a possibilidade de dar a volta por cima.

A espiral positiva

O NAVEGADOR PAULISTANO AMYR KLINK foi o primeiro homem a cruzar sozinho, a remo, o Atlântico Sul, a porção de água que divide o nosso continente e a África. Depois, realizou dezenas de expedições bem-sucedidas à Antártida. Mas nada disso estava no plano inicial de sua vida.

Para sua primeira escolha profissional, ele não levou em conta seu sonho, mas sim uma necessidade. Havia tomado para si a tarefa de regularizar a situação dos imóveis que o pai tinha na cidade de Paraty, no Rio de Janeiro, onde passou a infância. Para isso, resolveu trabalhar no mercado financeiro, um setor que remunera bem seus executivos. Estudou Economia e logo começou a estagiar no banco Mercantil Finasa, onde ocupou o cargo de analista financeiro. No entanto, detestava o emprego, pois considerava o trabalho sem propósito. Resolveu, então, entender melhor as suas perspectivas. Aonde poderia chegar se fosse bem-sucedido? A posição máxima era a presidência do banco, constatou. Foi quando se deu conta do impasse: não tinha a menor vontade de fazer o que o presidente fazia.

Percebeu também que nem o objetivo inicial era justificativa para permanecer no emprego. Mesmo que ganhasse muito mais, não seria o suficiente para pagar as dívidas tributárias e regularizar os imóveis do pai. Pediu demissão porque ao menos sabia que não estava onde queria.

Para escolher o novo caminho, tentou olhar para dentro e descobrir mais sobre si mesmo. Notou, por exemplo, que nunca gostou de imposições na vida — até os dez anos, não deixava ninguém cortar seu cabelo. Também lembrou que, desde criança, tinha uma relação próxima com o mar. Gostava de andar de canoa em Paraty e praticou remo na raia da Universidade de São Paulo. Sua equipe na faculdade conquistava boas posições nos campeonatos.

Diante dessas reflexões, passou a conversar com os colegas sobre a possibilidade de fazer uma travessia de Santos a Paraty, mas ninguém o levava muito a sério. Enquanto isso, os problemas financeiros da família aumentavam. Apesar de estar atento às próprias motivações internas — sabia do que gostava e o que queria —, reconhecia que não estava na mesma sintonia das pessoas e dos lugares aos quais se conectava. Até encontrar um livro que mudou sua vida.

Com vinte e poucos anos, costumava frequentar a Livraria Francesa, na rua Barão de Itapetininga, no centro de São Paulo, e o livro *L'Atlantique à bout de bras*, escrito pelo francês Gérard d'Aboville, pioneiro na travessia do Atlântico Norte, lhe chamou a atenção. D'Aboville saiu de Cape Cod, nos Estados Unidos, e chegou a Brest, na França, 71 dias depois. Aquele relato falava a sua língua. Ali estava um exemplo do que o atraía.

Amyr encantou-se com a história, que lhe serviu de referência para buscar o que realmente fazia sentido para ele.

A ESPIRAL POSITIVA

Colocou na cabeça que faria uma travessia entre o Brasil e a África. "Era uma ideia bizarra, nada sensata ou inteligente, bastante estúpida na verdade, que me atraía cada vez mais", escreveu em sua autobiografia *Não há tempo a perder*. O livro de D'Aboville foi a conexão de que precisava para colocar em prática seu interesse pelo mar e pela aventura.

Por acaso — ou sorte, ou plano divino, como cada um preferir —, o livro de D'Aboville caiu em seu colo num momento em que Amyr estava com tempo para esboçar uma viagem. Ele havia quase perdido a mão direita durante uma discussão com o pai, depois de dar um murro em uma janela de vidro e, em função do incidente, foi obrigado a parar boa parte de suas atividades por dois anos — o remo entre elas. Aproveitou o momento para ler outros tantos livros sobre grandes expedições marítimas. Secretamente, começou a trabalhar no projeto de um barco.

Sabia que, no início, teria que se jogar na empreitada sozinho. Chegou a convidar um colega de remo e da faculdade de Economia, que posteriormente se tornaria um bem-sucedido executivo do mercado financeiro, mas ele estava prestes a se casar e declinou o convite. Em seguida, Amyr se inscreveu no curso de mestre amador, que habilita marinheiros a conduzir embarcações entre portos nacionais e estrangeiros nos limites da navegação costeira.

Dois anos depois, o barco estava pronto. Ele, então, concluiu o processo, que começara quando deixou o banco, e se tornou oficialmente um navegador. Mesmo indo em direção ao que mais o motivava, teve de sair da zona de conforto e enfrentar pequenos e grandes desafios. Por exemplo, buscar patrocinadores e aceitar as condições dos que encontrava.

Quando preparava a primeira viagem para a Antártida, no final dos anos 1980, foi pedir patrocínio à empresa Aços Villares, uma das maiores produtoras de aços especiais no Brasil. Só tinha um detalhe: seu barco era de alumínio, seguindo uma tendência de navegação que obviamente não agradava àquela organização. Amyr tinha dezessete minutos para vender seu projeto ao conselho da empresa. Durante os onze em que fez sua apresentação, evitou entrar nos detalhes do material usado no barco. Porém, quando começaram as perguntas, não pôde evitar. "Amyr, do que vai ser feito o seu barco?" Ele estava nervoso. "De alumínio", respondeu. Começou uma enxurrada de perguntas indignadas. "Como assim? Você sabe onde está?". "Sim, na sede do grupo Aços Villares", falou retoricamente, já resignado com o "não" que acreditava vir a seguir. "Nosso grande concorrente filosófico no futuro é o alumínio", disse o conselheiro. Então, o presidente da empresa, Paulo Villares, fez sua tentativa: "Você poderia fazer o barco em aço?". Amyr, que até hoje tem um jeito direto de dizer o que pensa, respondeu: "Poderia. Mas não vou fazer. Porque se eu fosse pedir apoio para a Trol ou para a Estrela, eu não faria o barco em plástico". A reunião terminou secamente.

No dia seguinte, Amyr foi surpreendido pela resposta: o projeto fora aprovado por unanimidade. A empresa de aço apoiaria sua viagem no barco de alumínio. O navegador percebeu que, naquela situação, foi a primeira vez que se viu tentado a se desprender de seus valores. Afinal, poderia ficar sem o patrocínio que financiaria a primeira parte de seu sonho, mas entendeu que, se não fosse firme, aquilo poderia se tornar corriqueiro. "Se eu tivesse cedido, estaria mostrando para eles que eu faria qualquer coisa pelo dinheiro, e não pelo meu propósito. Temos valores dos quais não abrimos mão. Alguma linha é preciso ter."

A história de Amyr mistura os diferentes elementos de que tratamos nos capítulos anteriores. A *atenção* está na sua des-

A ESPIRAL POSITIVA

coberta interna de gostar do mar e de navegar, assim como sua percepção de que o trabalho que lhe dava dinheiro também lhe trazia frustração. Foi também o que o fez se manter firme aos seus valores no momento mais crítico da busca por um patrocínio. As *conexões* começam com a descoberta do livro D'Aboville e chegam até as aulas de remo e o curso de mestre amador. Já a *ruptura* se dá no pedido de demissão do trabalho e (quase que literalmente) no murro na janela, que lhe permitiram ter tempo para planejar a viagem. Foi a associação de todos os elementos que o levou à sua decisão de navegar pelo mundo.

Para transformar seus maiores desejos em seu modo de vida e ganhar dinheiro com isso, além de buscar patrocínio, usou sua experiência para escrever livros e, posteriormente, passou a dar palestras sobre motivação, planejamento e estratégia de ação. Continuou apostando em projetos ambiciosos e expandiu suas possibilidades de atuação, sempre relacionados ao espírito de sua primeira escolha. Ou seja, tomou uma decisão e vislumbrou um caminho a ser percorrido, o que contribuiu para o processo de chegada.

A classificação dos elementos atenção, conexão e ruptura é uma forma simples para descrever os estímulos na história de alguém, apesar de a equação das nossas escolhas não ser exata nem simples. Quando esses três elementos se juntam e são aproveitados de maneira constante e consistente durante a vida, forma-se a espiral positiva: uma jornada de desenvolvimento contínuo para o indivíduo se aprofundar no que gosta ou desbravar novos interesses que vão ao encontro de seus desejos e valores.

Há sempre uma pitada dos três elementos durante o caminho e sem uma ordem previamente estabelecida. Uma espiral positiva em movimento, sempre em direção ao topo, é a

85

imagem que ilustra a combinação de uma constante disponibilidade para olhar para dentro e para fora, fazer escolhas conscientes, aproveitar as oportunidades e encontrar motivação nos momentos mais difíceis. É um constante caminhar para melhorar, para corrigir a rota quando a pessoa percebe que não está feliz. É importante ressaltar que as trajetórias mais admiráveis nunca são uma linha reta ascendente, elas são cheias de quedas, picos e vales. Podem ter mais de um ponto de virada ao longo da vida, mas a tendência de desenvolvimento contínuo se mantém.

Por que algumas pessoas não conseguem fazer escolhas?

Cada pessoa toma cerca de setenta decisões ao longo de um dia normal, da roupa que vai vestir à profissão que pretende seguir pelo resto da vida.[1] O grau de importância e o impacto que essas decisões têm no futuro variam, mas uma coisa boa parte delas tem em comum: são feitas no piloto automático, sem consciência ou critério. Em outras palavras, são uma sucessão de oportunidades desperdiçadas pela falta de atenção ou coragem de arriscar.

Muitas vezes, colhemos os bons frutos de escolhas distraídas e os atribuímos à sorte, a fatores externos, ao imponderável. Eles têm seu crédito, é justo dizer. Mas há sempre a parte que nos cabe. Fazer ou deixar de fazer. Precisamos reconhecer os pontos de virada que todos encontramos, ou podemos encontrar, ao longo do caminho, e fazer uma escolha lúcida em relação a eles. Precisamos nos colocar de maneira ativa diante da vida — e não alheios às oportunidades ao nosso redor a ponto de ignorá-las.

A ESPIRAL POSITIVA

Claro que dizer sim às chances que aparecem e que fazem sentido para nós não é garantia de sucesso, mas dizer não certamente é garantia de fracasso. Da mesma forma, é importante saber dizer não para as tentações que nos desviariam do nosso propósito. Um não consciente vale mais do que um sim inconsciente. Algumas pessoas estão sempre alertas para captar o que a vida lhes oferece, abraçar uma escolha e definir uma rota, enquanto outras parecem passivas, à mercê do mundo ao redor.

É muito comum ouvir histórias de pessoas que estacionam em alguma curva dessa espiral e, portanto, não desenvolvem todo o seu potencial. Algumas não sabem bem o que forçou essa parada, outras são capazes de apresentar uma lista de justificativas para mostrar o que deu errado e o que foi difícil, travando seu caminho.

A pergunta que surge é: por que algumas pessoas ficam sensibilizadas e fazem escolhas, enquanto outras estagnam ou se deixam levar pela vida? Esta pergunta me desafia. É possível que uma pista esteja na maneira como encaramos nossas ações rotineiras. Enquanto alguns tratam o cotidiano como um meio para alcançar um fim ou como simples obrigações a serem cumpridas, outros enxergam ou atribuem sentido a cada tarefa.

A pesquisadora Amy Wrzesniewski, da Universidade Yale, estudou a maneira pela qual os indivíduos se relacionam com seus trabalhos.[2] Ela e outros colegas concluíram que as pessoas costumam se encaixar em uma dessas três classificações: "trabalho, carreira ou chamado". O resultado é válido para grupos de profissionais tão distintos quanto empresários, faxineiros, cabeleireiros, executivos e professores.

Aqueles com foco no trabalho estão mais preocupados com a remuneração, anseiam pelas férias e finais de semana e não aconselham ninguém a fazer o que fazem. Aqueles que se preo-

87

cupam com a carreira até gostam de seu trabalho, mas o que os motiva é alcançar posições mais altas, então ficarão frustrados se não forem promovidos nos anos seguintes. Já aqueles que estão atentos ao chamado possuem um senso de propósito e, para eles, o trabalho é uma parte importante de suas vidas e faz com que se sintam realizados.

Pela minha experiência, são estes últimos aqueles capazes de prestar atenção às suas habilidades internas e ao ambiente ao redor. Sem a obsessão de esperar pelas férias ou pela próxima promoção, são mais disponíveis para perceber o que de fato os move individualmente. O estímulo interno gera uma motivação mental que estará por trás de cada ação.

Em busca do sucesso

Viver numa espiral positiva constante equivale ao que muitos chamam de sucesso. Evito usar a palavra sucesso por acreditar que ela é uma definição relativa, pessoal, que varia de acordo com os parâmetros de cada um. É um conceito abstrato. Há quem queira visibilidade ou dinheiro por meio do trabalho. Há quem deseje tempo e recursos para a família. Há quem se realize apenas quando encontra uma causa à qual se dedicar. Há quem acredite que sucesso é estar tranquilo para dormir à noite.

Trata-se de um espectro amplo de percepções e, por meio da espiral positiva, é possível construir todos esses objetivos no longo prazo. A espiral positiva não é necessariamente uma escadinha corporativa, na qual começamos como estagiários até chegar a presidente. É, sim, uma combinação de ouvirmos nossos desejos, percebermos as oportunidades, nos conectarmos com os meios e pessoas para torná-los reais, e, assim, nos aprofundarmos naquilo que nos interessa. Dessa forma, podemos construir nosso próprio caminho de satisfação e realização — pode ser que isso signifique ser presidente ou construir o próprio barco para atravessar oceanos, como no caso de Amyr Klink.

Realizei uma pesquisa quantitativa para este livro e mais de oitocentas pessoas responderam à pergunta "o que é sucesso para você?". Analisando o conjunto, surge pelo menos uma dúzia de ideias que aparecem em dezenas (ou centenas) de respostas. São elas:

1. **Felicidade**
Quando falamos em felicidade, muitas vezes pensamos em sentir prazer, alegria ou satisfação. No entanto, o terapeuta Russ Harris, no livro *Liberte-se: Evitando as armadilhas da procura da felicidade*, defende outro significado: uma vida rica, plena e significativa. "É quando nos empenhamos por aquilo que realmente importa, mesmo que traga sensações desconfortáveis, como medo e raiva. Se quisermos viver uma vida completa, temos que sentir toda a gama de emoções humanas", diz. Uma das participantes da pesquisa também tentou definir este conceito: "Ser feliz com o que faz é sentir que, apesar dos erros, o balanço é mais positivo do que negativo, com orgulho de si mesmo e do que tem feito".

2. **Realização**
A palavra "realizar" e suas variações também aparecem com frequência associada à ideia de uma entrega, uma ação que fez a diferença ou gerou valor. Poder visualizar a consequência direta e concreta do trabalho é nitidamente uma fonte de satisfação e um forte indicador de sucesso. "Sucesso é o sentimento de realização. Seja de atingir uma meta, superar

um desafio, concluir um projeto, resolver um problema, propor uma inovação", dizia um dos depoimentos da pesquisa.

3. **Impacto na sociedade**
Alguns relacionam o sucesso ao impacto mais amplo de suas ações, que está ligado a ajudar e fazer o bem para um grande número de pessoas. O que os move é acreditar no que fazem, estar trabalhando por uma causa bem definida e saber que estão transformando o mundo em um lugar melhor.

4. **Trabalhar com o que gosta**
Como o ambiente de trabalho é o local em que muitas pessoas passam a maior parte do tempo, não foi estranho que essa tenha sido uma ideia repetida por muita gente. "Fazer o que ama", "trabalhar com o que gosta" e "ter prazer no que faz" foram frases comuns nos depoimentos. Para algumas pessoas, o prazer se expressa na rotina pelo fato de acordarem animados para o que vem pela frente.

5. **Legado e reconhecimento**
Para quem enxerga o sucesso através dessa lente — e são muitos —, é fundamental deixar uma marca que perdure por muitos anos e ser lembrado pelos resultados ou conhecimento acumulado. O sucesso está em "ser respeitado" e "ser referência", não apenas na sua área de interesse, mas também no campo ético, ser um exemplo de integridade. Além disso, é importante ser reconhecido pelo chefe, pelos amigos e pela família.

6. **Fazer a diferença para alguém**
Seria como um microcosmo dos que pretendem ter um impacto na sociedade. Essas pessoas querem fazer a diferença

para quem está ao seu redor. Ter um papel relevante na vida e na carreira de pessoas é o que consideram sucesso, seja ajudando-as a ser pessoas melhores, compartilhando conhecimento profissional ou formando sucessores. "Sucesso é ver a luz nos olhos de cada um que trabalha comigo", escreveu um participante da pesquisa.

7. Ganhar dinheiro

Sim, dinheiro no bolso é indicador de sucesso, mas não apenas para alcançar status ou ostentar bens materiais. Muitas pessoas enxergam nele uma forma de reconhecimento do trabalho. Outras dizem que é necessário para dar uma boa condição à família. Há ainda quem diga que ganhar dinheiro é uma forma de garantir a aposentadoria ou a liberdade financeira para investir nos projetos próprios ou até custear hobbies caros. O dinheiro pode ser ainda o fator que financia seus projetos de vida adormecidos. Acredito que ganhar dinheiro é a consequência de alguém fazer escolhas levando em consideração suas características, aptidões e interesses. Entendo que não existem profissões, mas sim profissionais que dão dinheiro.

8. Paz, equilíbrio e tempo

Se pensarmos que trabalhar é doar horas de nossas vidas para conseguir algo em troca, percebemos que o tempo é algo importante a ser levado em conta para alcançarmos o sucesso. Por isso, é comumente associado à ideia de sermos donos da nossa própria agenda. Já a palavra "paz" é usada para se referir a uma sensação de conforto interior com o que alcançaram e com o que fazem. O equilíbrio, por sua vez, é a capacidade de se dedicar às diferentes prioridades, como trabalho, família e amigos. Essas três palavras vieram interligadas em diversos depoimentos. "Temos várias 'personas' ao longo do dia: pais, filhos, amigos, cônjuges, chefe, par, subordinado etc. Conseguir estar em paz com várias dessas personas de forma digna e simultaneamente é a arte do jogo da vida. Essa capacidade de viver em equilíbrio e harmonia com o tempo é o conceito de sucesso para mim!", resumiu um dos participantes da pesquisa.

9. Liberdade

Existe a ideia de liberdade financeira, mas há um conceito ainda mais amplo e filosófico, que é a possibilidade de fazer escolhas sem estar amarrado a algo ou alguém. Mesmo que quase utópica, é a sensação de ter total autonomia e independência para tomar decisões sobre sua vida e poder mudar quando quiser. Esse conceito se estende ao significado físico de não ficar preso a um escritório todos os dias nem subordinado a um superior.

10. Conquistar sonhos

Aqui, o sucesso está atrelado a um sentimento de chegada. É ter conquistado um sonho antigo, atingido um objetivo depois de muito esforço, superado todas as dificuldades e realizado um projeto para guardar na memória. Tudo isso seguindo um caminho íntegro e de acordo com os próprios valores.

11. Poder de decisão

Sabemos que o poder é tentador e, não por acaso, muitas pessoas o perseguem. No entanto, são poucos aqueles que usam explicitamente essa palavra, que é substituída por influência. Muitos revelam a satisfação de ter ocupado cargos de chefia em que influenciaram pessoas e decisões importantes.

12. Família

A família aparece em repostas sobre a capacidade de equilibrar a vida pessoal e profissional. Mas não só. Para algumas pessoas, a família que construíram é símbolo de sucesso. Criar bem os filhos, ser admirado por eles e oferecer estabilidade financeira são sinais de conquista. "Poder acompanhar o crescimento dos meus quatro filhos e vê-los se tornando cidadãos conscientes de seu poder transformador. Estar por perto para apoiá-los na formação de suas próprias famílias", dizia um depoimento.

Eu também tenho a minha própria visão sobre o que é sucesso, que mistura algumas das visões citadas anteriormente com mais alguns fatores. Acredito que é ter pessoas que gostem de verdade de você, com admiração pelos seus resultados e pelo seu jeito de ser. Podem ser clientes, sócios, o time de trabalho, executivos, conhecidos e família. Também é ter ajudado no desenvolvimento de pessoas, ter sido mentor de alguém, dizer frases que motivem o outro a "pensar de forma ativa". Eventualmente, contribuir com decisões ou descobertas de solução para algo na vida pessoal e profissional do outro. O sucesso também é não guardar o conhecimento apenas para si e ter prazer em dividir suas descobertas. É entregar mais do que o combinado e ter a sensação de que mereceu o dinheiro recebido pelo trabalho. É dar mais que receber e ser feliz com isso.

Você pode ter sua própria definição de sucesso, e é importante que a espiral positiva esteja nessa direção. Para isso, deve estar atento às suas motivações, aproveitar as conexões que o mundo oferece e tirar lições dos momentos mais desafiadores para construir sua jornada particular.

Tomar decisões, flexibilizar e lidar com os erros

PARA SE SENTIREM REALIZADAS, é comum que as pessoas façam diversos ajustes de rota durante a vida — seja porque ainda não encontraram o seu lugar ou porque precisam passar por uma mudança para se sentirem novamente motivadas. Portanto, para percorrer a espiral positiva é necessário uma boa dose de determinação, com foco nas próprias metas e no longo prazo, e ter energia para rever escolhas que, após algum tempo, não se mostram tão acertadas. No entanto, estar permanentemente avaliando oportunidades e decisões não é fácil para o nosso cérebro, que entende esse processo como lento e cansativo. "É como ter um sistema de controle de tráfego aéreo em um aeroporto movimentado para gerenciar as chegadas e partidas de dezenas de aviões em várias pistas", diz um estudo desenvolvido na Universidade Harvard.[1]

Esse mecanismo de controle de tráfego exige esforço e gera um gasto de energia mental. Não à toa a maior parte das nossas decisões é feita de maneira automática e não consciente,

TOMAR DECISÕES, FLEXIBILIZAR E LIDAR COM OS ERROS

sem necessitar de esforço ou dedicação. O psicólogo e ganhador do prêmio Nobel de economia Daniel Kahneman, em seu livro *Rápido e devagar*, diz que há duas formas de tomada de decisão, a automática e a controlada. As escolhas feitas de maneira automática se utilizam de atalhos, que ignoram parte das informações para torná-las mais fáceis e rápidas. Baseadas nas experiências passadas, nas nossas crenças e preferências intuitivas e em pistas do contexto ou do ambiente, economizam tempo e energia. E elas funcionam bem para a maioria dos nossos julgamentos e ações do dia a dia.

No entanto, segundo Kahneman, essas decisões estão sujeitas a erros. Em um dos capítulos de *Rápido e devagar*, ele pergunta: "Quantos animais de cada espécie Moisés levou na arca?". O número de pessoas que detecta imediatamente o que há de errado com essa pergunta (foi Noé quem construiu a arca, não Moisés) é irrisório, mesmo que sejam religiosas. O que ocorre é que a ideia de animais entrando na arca introduz o contexto bíblico e Moisés não é anormal nesse contexto. O cérebro então não se aprofunda em analisar essa parte da sentença e não identifica a pegadinha. Kahneman alerta que "muitas pessoas são superconfiantes, inclinadas a depositar excessiva fé em suas intuições", o que faz com que os erros não sejam percebidos e, portanto, não sejam corrigidos por elas. O complicado é que, ao contrário da brincadeira da arca, que não causa impacto na vida de ninguém por mais de cinco minutos, outras decisões tomadas sem profundidade, como escolhas de carreira, podem ter consequências maiores.

Ao refletir sobre a sua própria vida e sobre a convivência com outros profissionais, Claudio Garcia, que ocupou até o início de 2020 o cargo de vice-presidente executivo da LHH, empresa especializada em transição de carreira, comentou ter a impressão de que escolher que rumo profissional seguir é

95

uma decisão muito menos racional do que as pessoas imaginam. "Meu sonho quando fui fazer engenharia não era estar onde estou aqui, agora. Ao longo da vida, há pequenos nós de decisões que podem nos levar a caminhos muito diferentes. Acho que as pessoas não têm consciência desses nós quando eles aparecem", disse.

Esses pequenos nós realmente existem. No entanto, acredito que é possível e necessário prestar atenção a sinais internos e externos para saber quando eles estão se formando e, assim, nos prepararmos para lidar com o que virá a seguir.

Decisões conscientes e de longo prazo

Para tomar decisões de maneira consciente precisamos ser capazes de focar, reter informações e filtrar distrações.[2] Isso porque a quantidade de caminhos possíveis de serem seguidos é enorme, e nosso cérebro não está preparado para lidar com um leque tão grande de opções, já que sua capacidade de manter e manipular informações ao mesmo tempo é limitada.

O neurocientista Álvaro Machado Dias afirma que as pessoas ainda não entendem exatamente os detalhes sobre como o ser humano toma decisões, mas uma contribuição relevante para essa área foi feita pelo cientista da computação Herbert Simon, ganhador do prêmio Nobel de Economia em 1978. Ele demonstrou que, quando as pessoas precisam tomar uma decisão, não enxergam todas as opções disponíveis. Há limites tanto do seu conhecimento quanto da sua capacidade de avaliar as informações. Portanto, mais do que calcular qual é a opção que traz o melhor retorno, as pessoas deveriam se esforçar em enxergar quais são as opções. Além disso, as decisões humanas possuem parâmetros subjetivos. Ao avaliar opções, cada um de nós possui

TOMAR DECISÕES, FLEXIBILIZAR E LIDAR COM OS ERROS

uma exigência interior de satisfação, e a escolha será feita considerando as opções que estiverem acima desse nível mínimo. Por outro lado, é necessário controlar os impulsos para resistir às tentações, às distrações e aos hábitos. Por exemplo, dizer sim para um salário mais alto, num cargo que não está de acordo com seus valores e desejos, em determinado momento, pode desviá-lo do caminho de alcançar a sua meta a longo prazo. A capacidade de abrir mão de benefícios imediatos em prol de uma vantagem maior lá na frente pode ser crucial para atingir real satisfação com a carreira que você vai construir para você.

O professor Walter Mischel, da Universidade Stanford, demonstrou que essa habilidade pode levar ao sucesso em várias áreas da vida. Ainda na década de 1960, ele avaliou crianças em idade pré-escolar numa tarefa que ficou conhecida como o Teste do Marshmallow. As crianças deveriam escolher entre ganhar uma recompensa a ser desfrutada imediatamente (um marshmallow) ou outra recompensa maior (dois marshmallows), pela qual teriam de esperar, sozinhas, por até vinte minutos. Durante essa espera, elas poderiam tocar uma campainha sobre a mesa para chamar o pesquisador e comer o marshmallow imediatamente, ou aguardar a volta do pesquisador e comer os dois marshmallows, caso não tivessem levantado da cadeira nem mordido o doce que estava à sua disposição.

Muitas crianças foram capazes de resistir à tentação, não cedendo ao prêmio imediato e persistindo na busca por um ganho maior. O mais interessante é que a equipe de pesquisadores liderada por Mischel continuou acompanhando essas crianças nas décadas seguintes, e verificou que se tornaram adolescentes que se destacaram em testes de aptidão escolar e adultos mais bem-sucedidos em comparação àquelas que não resistiram ao prazer imediato do primeiro marshmallow.

Desenvolvendo a flexibilidade

Para as pessoas que têm condições de cursar uma universidade, um dos períodos críticos de decisão de carreira é o pré-vestibular, pois é quando precisam optar por um curso superior, seu primeiro passo em direção à vida profissional. A transição da escola para a faculdade é abrupta. A hebiatra Andrea Hercowitz é testemunha diária desse problema em seu consultório. Especialista em adolescência, ela atende pacientes que passam por crises de ansiedade e estresse durante a preparação para o vestibular. Andrea considera a fase da adolescência fundamental para as escolhas futuras. É nessa fase que, geralmente, as pessoas começam a estruturar seus próprios gostos. Não é à toa que costuma ser um momento conturbado da convivência familiar — é justamente quando o jovem está tentando se separar da figura do pai e da mãe. É uma fase de experimentação, de testar comportamento, gostos e amigos, em uma busca pelo que acredita que vai contribuir para formar sua personalidade adulta.

Andrea percebe em seus pacientes um pensamento recorrente de que a escolha do curso será para a vida toda. "Não se trabalha muito a possibilidade de poder mudar, apesar de 70% das pessoas no caminho da vida mudarem", diz ela. De fato, a pesquisa quantitativa realizada para este livro e respondida por centenas de pessoas — a maior parte delas executivos ou sócios de empresas — demonstrou que 42% não atuavam em sua área de formação. Do total, 68% não imaginavam, aos vinte anos, estar na área ou na posição que ocupam hoje.

Essa associação entre curso superior e carreira é um exemplo de falta de flexibilidade que impomos a nós mesmos, como se ajustar-se à rota fosse algo inaceitável. Mas escolher a profissão aos dezoito anos sequer faz sentido se pensarmos na imaturidade cerebral do adolescente. A parte do cérebro ligada à tomada de decisão (córtex pré-frontal) costuma amadurecer somente perto dos 24 anos, idade em que a maioria já está saindo da faculdade.

A flexibilidade cognitiva, que é a capacidade de mudar agilmente as engrenagens para priorizar o que importa, é uma habilidade essencial para lidar com as decisões que tomamos ao longo da vida. É ela que nos permite aplicar regras diferentes em variados contextos e mudar o rumo quantas vezes forem necessárias para nos reconectarmos com nossos valores e necessidades.

De acordo com a especialista em psicologia organizacional e professora da ESPM, Flavia Santana, não devem existir escolhas permanentes e imutáveis. Ela defende que é preciso sempre repensar as estratégias, verificando, na prática, o que dá certo ou não. "Somos um barco a vela à deriva no mar. É preciso assumir a própria vela. Depois, você olha o vento e, se ele ajudar, vai em frente. Passado certo tempo em uma direção, pode reconhecer que outro destino interessa mais. Então, você pega a vela, a reposiciona e segue uma nova direção."

Para a psicanalista Diana Corso, desenvolver essa flexibilidade é fundamental, afinal, a vida não é feita de escolhas, mas sim de edições. "A vida nos apresenta possibilidades de acordo com os nossos passos, e a gente a edita de acordo com o nosso desejo", diz. Aos poucos, essas edições nos tornam o que somos. No entanto, temos a possibilidade de fazer mudanças a qualquer momento — o que não significa abandonar o acervo que acumulamos, mas transformá-lo intencionalmente. Diana menciona o exemplo de um tio, que foi engenheiro e urbanista com uma carreira de sucesso, mas aos cinquenta anos decidiu voltar para a universidade. Hoje, com mais de setenta, atua como psicanalista.

Errar faz parte

A flexibilidade é importante também para pautar a maneira como lidamos com nossos erros ao longo do caminho. Parte do aprendizado sobre si mesmo está em identificar padrões negativos que adotamos ou com que tipo de ação costumamos ter mais dificuldade. Para o neurocientista Álvaro Machado Dias, tomar melhores decisões envolve olhar as más decisões que fizemos na vida. Precisamos olhar, sem culpa, qual foi o contexto e o que deu errado ou o que motivou uma escolha pouco acertada. Em seguida, devemos imaginar o que poderia ter sido feito de forma diferente. As escolhas que tomamos no presente estão seguindo o mesmo padrão de antes? O que poderíamos fazer melhor?

No entanto, isso não é fácil, pois "confrontar os próprios erros requer certa estabilidade emocional", diz a neurocientista Carla Tieppo. Ainda que de maneira inconsciente, o mais comum é que as pessoas tomem uma decisão e assumam a atitude de "agora que eu decidi, não quero mais ouvir sobre isso". Muitas vezes, isso significa apenas se convencer de que não havia outra forma ou encontrar justificativas racionais para a decisão. O problema de agir assim está em aprofundar os erros, inclusive de escolhas de carreira. "O pensamento de 'agora que eu já estou aqui, vou ficar aqui, não vou repensar nem ouvir outra proposta' tem a ver com o fato de não gostarmos de admitir falhas e assumir para nós mesmos que tomamos uma decisão errada."

Aliás, as falhas são fundamentais para a nossa evolução. Sarah Lewis, professora norte-americana da Universidade Harvard, diz que muitas de nossas conquistas mais grandiosas, como descobertas ganhadoras do prêmio Nobel, clássicos da literatura e empreendimentos inovadores, foram, na verdade, não proezas revolucionárias, mas correções graduais, ajustes incrementais, com base na experiência adquirida.[3] Porém, os

TOMAR DECISÕES, FLEXIBILIZAR E LIDAR COM OS ERROS

ajustes jamais seriam feitos se o fracasso ou as falhas fossem varridos para debaixo do tapete, sem extrair deles lição alguma.

O caminho para a excelência nunca é uma linha reta. As histórias de vida dos nossos ícones mostram isso. Escrevi o livro, porque sou fascinada por quão pouco discutimos esse fato. Fiquei surpresa ao descobrir que Martin Luther King Jr. tirou C em oratória, por exemplo. A autora J. K. Rowling passou anos sem dinheiro, escrevendo seus livros em guardanapos, vendo sua ideia para o Harry Potter ser rejeitada em quase todas as editoras.[4]

Penso que essa avaliação dos erros precisa estar acompanhada da disposição para pesquisar alternativas que gerem e implementem mudanças. De nada adianta enxergarmos o que está ruim e simplesmente aceitarmos. Diante do diagnóstico, precisamos perceber que dá para ser melhor e buscar pontos de vista diferentes. Isso vai nos permitir agir de outra maneira.

O executivo Marcelo Cardoso, fundador da consultoria Chie, gosta de se lembrar de uma ocasião em que convidou o educador Rubem Alves para uma palestra e o ouviu dizer que sua carreira só havia dado certo porque todas as suas escolhas haviam dado errado. Para ele, não há certo ou errado nas escolhas. Nem há clareza, certeza ou controle. Apenas escolhemos e vamos em frente. Com essa mentalidade, desenvolvemos confiança e passamos a acreditar em nossa própria intuição, sabendo que todo caminho pode ser o certo.

A busca vazia pelo perfeccionismo

Algo que pode paralisar nossa capacidade de buscar novos caminhos é nossa tendência a esperar pelo mais próximo daquilo que consideramos perfeito, antes de tomar a decisão que seria definitiva. O problema é que a perfeição não existe, assim como nada precisa ser para sempre. O que acontece é que o perfeccionista necessita de condições ideais para agir, e isso faz com que ele empurre a ação para depois, "quando puder fazer direito".

A tentativa de ter certeza, aliás, pode ser uma armadilha. "A gente nunca tem certeza absoluta. Não é humano ter certezas", afirma Oscar Quiroga. "Temos de nos acostumar a viver sobre os dilemas e fazer amizade com eles em vez de vê-los como adversários. É na tentativa de esclarecê-los que faremos escolhas, e só saberemos se elas são as certas a posteriori, nunca a priori."

Comparo a necessidade de acertar na carreira com os dilemas de alguém em busca do par perfeito. A tendência do ser humano é sempre esperar pela pessoa mais próxima daquilo que considera perfeita antes de tomar a decisão definitiva. O problema é que o príncipe no cavalo branco talvez não exista. Podemos, na carreira, no casamento ou em qualquer outra situação, acreditar, de fato, haver algo melhor por aí. Mas a arte nas escolhas de carreira passa por fazer a edição sobre o que a vida ofereceu e estar aberto a ajustes no meio do caminho.

Além disso, a pressão interna de quem preza pela perfeição gera um intenso desconforto quando imagina o esforço que será necessário para alcançar os seus próprios padrões. Somado a isso, há o constante medo de falhar, de não conseguir e de ser difícil demais, além do cansaço ou do trabalho que será exigido. Tudo isso gera a procrastinação, que é o adiamento constante de fazermos alguma tarefa ou tomarmos uma decisão, que acaba sendo, no curto prazo, a saída para aliviar esse desconforto.

TOMAR DECISÕES, FLEXIBILIZAR E LIDAR COM OS ERROS

O problema de procrastinarmos demais é o limite de tempo que temos nessa existência. "A mente tem muitas possibilidades, mas não podemos viver senão uma vida", nos lembra Campbell, em *O poder do mito*, sobre a necessidade de fazermos escolhas. "Não vivemos anos suficientes para testar todas as possibilidades e escolher só quando temos certeza."

Escolhendo uma empresa para chamar de sua

Embora as decisões e as escolhas levem em conta esse tanto de variáveis, na hora de testar em quais empresas ou projetos trabalhar é possível seguir uma direção mais clara. Ou, pelo menos, encontrar um atalho e cortar caminhos indesejados. Ao longo da minha carreira, desenvolvi uma equação para saber se candidatos e companhias estão alinhados e se são capazes de construir uma relação favorável para ambos os lados. É algo que cada profissional pode fazer sozinho ao avaliar mudanças importantes de carreira.

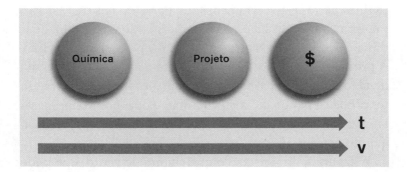

A primeira variável da equação é a química. Quando duas pessoas conversam (o dono da empresa e o executivo, por exemplo), intuitivamente percebem se há uma conexão ou não — pelo jeito de falar, ritmo, tom da voz, traje, entre outros fatores percebidos consciente ou inconscientemente na interação. De uma maneira imprecisa, elas se aproximam ou se afastam. Você não sabe explicar exatamente por que gostou ou deixou de gostar, mas não pode ignorar essa impressão.

A segunda variável é o projeto da empresa e do candidato. Se um especialista em telecomunicações já não quer mais trabalhar nessa área, não pode aceitar as vagas mais óbvias que lhe serão oferecidas. Um pai ou uma mãe que tenham um filho pequeno e estejam querendo passar mais tempo em casa não deveriam aceitar um emprego cuja proposta seja viajar cinco dias por semana. A empresa que está procurando alguém calmo para modelar a equipe deve contratar uma pessoa que tenha esse perfil e disponibilidade. Enfim, é necessário haver uma conjugação de estilos e momentos de vida entre os profissionais e as companhias.

A terceira variável é o preço. O profissional e a empresa precisam estar na mesma página de valores e benefícios. Se as duas partes estiverem pensando parecido nas três esferas, maior a chance de sucesso na parceria. Além disso, há duas dimensões paralelas a essa equação que permeiam a decisão. A primeira é o tempo. Se a empresa tem urgência e necessita de alguém pronto para resolver questões imediatas, precisa ter dinheiro para bancar a prontidão. Pode, por exemplo, relativizar a variável da química para resolver o seu problema o quanto antes.

A segunda dimensão é o que chamo de vento, que pode estar a favor ou contra. Contratar alguém para o mercado imobiliário em 2011 era tranquilo. Até a crise, o setor andou com muito vento a favor. Contratar alguém para o setor de construção depois da Lava Jato é um desafio, porque o vento está desfavorável. Isso não significa que o vento contra impeça decisões. Há oportunidade de crescer em qualquer situação, desde que haja consciência dos dois lados sobre os obstáculos. Considerando a necessidade de ter flexibilidade e capacidade de enfrentar algumas decisões que não se mostram acertadas no longo prazo, é possível que eventualmente uma pessoa escolha trabalhar em um local em que não encontre química ou compatibilidade de projetos, o que gera atritos e impede a satisfação ou o desenvolvimento profissional. Às vezes, a primeira impressão que fica após uma entrevista ou um processo seletivo não se sustenta. Esses são momentos que podem motivar uma reflexão e um possível ajuste de rota.

PARTE 2
As qualidades que sustentam
as escolhas

Coragem

ASSUMI MEU PRIMEIRO CARGO de executiva ainda jovem. Trabalhei no grupo Machline, que faturava mais de 2 bilhões de reais por ano, entre 1984 e 1992. Eu era bem remunerada, tinha status, poder e me reportava ao acionista principal. O "seu" Matias, o acionista controlador, havia construído no prédio um espaço de reuniões e um restaurante exclusivos, só para vice-presidentes e presidentes. No final de 1988, o chef do local teve uma ideia que ficou famosa: decidiu preparar uma ceia de Natal, que passou a ser entregue em domicílio anualmente a todos os executivos que se reportavam diretamente ao seu Matias. Passou a ser um ritual na empresa.

Depois de nove anos trabalhando ali, refleti por muitos meses sobre o que eu realmente queria e decidi pedir demissão do grupo para começar minha carreira em *executive search*. Ao contar para minha família sobre a decisão, a reação da minha mãe foi: "mas Fátima, e o peru de Natal do seu Matias?". Eu até hoje morro de rir dessa história e, por meio dela, sempre me lembro de como nossas famílias se relacionam com nossos empregadores e nossas carreiras. Minha mãe estava inconformada em perder algo que já fazia parte de nosso ritual de Natal.

Assim como todos os pais, ela estava exercendo seu direito de questionar a minha escolha, até como forma de assegurar que eu estava certa do que queria. A verdade é que, apesar de convicta, eu estava nervosa. "Meu dinheiro vai acabar?", foi uma pergunta que fiz muitas vezes, quando entendi o que significava a minha atitude.

Eu passaria a ser empreendedora, sem salário assegurado no fim do mês e sem os benefícios que a empresa me garantia. A primeira vez que me lembrei disso foi quando precisei comprar um carro e tive que pagar o IPVA, antes bancado pela Machline. Mas isso não foi um impedimento. Abri minha empresa em 1992 com o computador que tinha em casa. Trocar de computador não era comum, pelo menos para mim, e lá fui eu para o escritório com meu PC velhinho, amarelado, que destoava da imagem do negócio que eu queria criar. Naquele momento, notei que teria que investir, que não poderia começar com o "freio de mão puxado".

Na época, ainda se usava o fax, e meu pavor era tanto que, durante os primeiros meses, sofria toda vez que o aparelho apitava com uma nova mensagem, pois pensava que era mais uma conta a pagar chegando. A fase de medo durou pouco e, quando passou, comecei a planejar e a perceber algo a que me apego até hoje: o importante era gastar minha energia em preparar novos projetos, não em evitar despesas, pois era isso que determinaria o sucesso do meu negócio.

Foi um começo difícil, como o de qualquer empresa. Minha mãe não estava errada ao colocar em dúvida o fato de eu abrir mão de tantos benefícios "garantidos" e trocá-los pelo incerto.

Quando anunciamos uma grande mudança em nossas vidas e a busca de uma nova trajetória, é preciso uma boa dose de coragem para não se abalar e enfrentar a reação da maioria das pessoas a nossa volta. É necessário muito esforço para largar o certo pelo duvidoso. É andar na contramão da maioria. No entanto, esse salto para o desconhecido aparece em quase todas as histórias bem-sucedidas que conheci. É possível, em algum momento da existência, concluir que "não dá mais". É preciso se mexer, mudar, agir. Isso vale para a vida afetiva e profissional. Ao olhar para o abismo do desconhecido, é preciso encará-lo. Logo depois, será necessária coragem para que o salto aconteça.

Ter controle sobre as decisões

Diversos candidatos que entrevisto para indicar aos meus clientes contam sobre situações ou oportunidades que poderiam ter se transformado em momentos de virada nas suas vidas. Poderiam. Eles começam falando algo como "e aí, ele me convidou..." e eu pergunto "e você aceitou? você foi?". Com muita frequência a resposta é "não". "Eu decidi continuar no lugar em que estava..." Nunca saberemos se era melhor ir ou ficar, mas sabemos que não ir, por falta de coragem para tomar a decisão e correr riscos, é algo que fica na memória, principalmente quando a opção não escolhida tem uma boa perspectiva de sucesso. Sobram justificativas para não correr riscos. Muitas vezes, a decisão é delegada a terceiros, ao acaso ou ao universo, e nem sempre gera o resultado esperado.

Para os brasileiros, uma das metáforas mais emblemáticas dessa inércia é o que chamo de filosofia do Zeca Pagodinho. Cansei de ouvir as pessoas repetirem a frase "deixa a vida me levar". Nas primeiras vezes, não via graça, sequer entendia a referência. "Você não conhece o Zeca Pagodinho?", perguntavam. Não, mas acabei conhecendo de tanto ouvir a frase em entrevistas, como se repetissem um mantra. Sou contra essa filosofia. É verdade que quando agimos e mudamos estamos assumindo o risco de que pode dar errado. No entanto, deixar a vida nos levar é garantia de que a curva da carreira não será ascendente. Pessoas que se comprometem com as escolhas e arbitram sobre elas, a despeito dos obstáculos do caminho, costumam ter maior chance de sucesso do que as que esperam o momento, a resposta ou as condições ideais para agir.

Silvio Bock é orientador vocacional e trabalha há mais de trinta anos com jovens. Sua principal demanda é ajudar quem precisa decidir que curso prestar no vestibular. Depois de acompanhar tantos dilemas de início de carreira, ele concluiu que escolher consiste no ato de desapegar-se de tudo o que não se escolhe. "A escolha está num ato de coragem, no qual você se joga e fala: eu vou por aqui. O que não garante que dará certo, mas você segue e se compromete com essa decisão para fazer tudo que é possível para que dê", diz.

Entre o fim da escola e o início da vida adulta está o momento em que normalmente acontece o primeiro ato de coragem em relação à carreira que se quer seguir. Em muitos casos, é a primeira grande escolha profissional. Mas, no meio do caminho, é preciso coragem também para corrigir a rota. É comum, durante essa jornada, chegar à conclusão de que é preciso mudar — de empresa, de setor, de profissão, de cargo, de cidade —, sem saber exatamente o que encontrará do outro lado dessa mudança.

A aventura, diz Campbell, é sempre uma passagem pelo véu que separa o conhecido do desconhecido. "As forças que vigiam no limiar são perigosas, e lidar com elas envolve ris-

CORAGEM

cos; e, no entanto, os que têm competência e coragem verão o perigo desaparecer", afirma o autor em *O herói de mil faces*. Ninguém tem absoluta certeza de estar fazendo a escolha certa quando decide por uma mudança. Há uma percepção, um vislumbre de possibilidade, um objetivo distante, que aos poucos vai se descortinando.

Mesmo sem essa visão clara, é importante enxergar o que queremos ao nos arriscar. Para dar o primeiro passo, não precisamos ter todo o mapa traçado de onde o caminho vai nos levar. Precisamos de uma ideia, um desejo, ainda que abstrato, que nos faça concentrar em buscar algo a mais. Às vezes, arriscamos na nossa vida profissional não porque nos falte algo, mas porque nos tornamos maiores do que as cadeiras que ocupamos, e mudar parece um caminho natural. Nesse caos, em geral, é comum aparecer um convite à mudança, porque alguém viu o resultado do trabalho, o nível de energia e o brilho no olhar.

Apesar do mistério do que pode acontecer depois de uma transformação importante, o que constatei, ao longo da minha carreira, é que as pessoas que alcançaram a realização pessoal e profissional fizeram escolhas de maneira mais consciente do que a maioria. Elas sabiam por qual porta estavam entrando e por que haviam girado a maçaneta, mesmo que não soubessem com certeza o que tinha do outro lado. Assumir as rédeas e ter o controle das decisões que impactam suas vidas é uma característica comum a quem, no longo prazo, floresce profissionalmente.

Uma das razões para isso é que as grandes escolhas que fazemos exigem coragem e energia para dar certo. Decidir por um caminho significa abrir mão de milhares de outros. Desapegar, deixar para trás. E quem não fica bem resolvido com essa situação tende a se lamentar e estacionar.

O artista e diretor de museu Emanoel Araujo empregou toda a sua energia em cada projeto que encarou. O Museu de Arte da Bahia e a Pinacoteca do Estado de São Paulo se transformaram da água para o vinho depois de sua atuação. Mesmo que não soubesse exatamente aonde daria cada escolha, ele tinha certeza de que, se colocasse todo o empenho e conhecimento em cada uma delas, não tinha como dar errado. E foi o que aconteceu.

"Tu és responsável pelo que cativas", diz a famosa frase de Saint-Exupéry em *O Pequeno Príncipe*. Porém, ao falar de escolhas, prefiro a ideia de compromisso à de responsabilidade. Pode parecer uma simples questão de vocabulário, mas faz diferença na hora de tomar uma decisão. Enquanto a palavra responsabilidade em geral nos coloca um peso sobre as costas, o compromisso nos remete à identificação e ao envolvimento. Decido porque me comprometo, independentemente do resultado, e não apenas aceito a responsabilidade pelas consequências da minha decisão.

Encarando o medo

Como todos já experimentaram algum dia, só a ideia de sair da rotina, em qualquer contexto, é perturbadora. O medo do desconhecido e do incerto — ainda que disfarçado de outras preocupações mais nobres, como dar segurança à família — pode dominar os pensamentos a ponto de frear qualquer tipo de mudança. No fundo, uma mensagem recorrente é: "Aqui está ruim, mas pelo menos sei onde estou e o que vai acontecer".

É essa a lógica que impede a ação. Há, então, duas possibilidades para seguir em frente: escolher arriscar conscientemente, lutando contra os medos naturais, ou mudar porque a

CORAGEM

situação vigente é tão ruim que o medo acaba sendo vencido pelo desconforto atual. "A zona de conforto, na verdade, é a zona de estabilidade. Quem dá a ela o nome de conforto é você. Se para você estabilidade e rotina não forem confortáveis, pronto, transforma-se o paradigma", afirma a neurocientista Carla Tieppo.

Há explicações biológicas para a existência do medo. Ele foi um poderoso aliado para a evolução humana, garantindo que, a qualquer sinal de perigo, nosso corpo reagisse fugindo, lutando ou nos fazendo fingir de mortos. Se não tivéssemos medo, provavelmente não teríamos sobrevivido para discutir esse tema. Talvez por termos herdado esse traço genético dos nossos ancestrais, nós, seres humanos, somos avessos ao risco. Mais recentemente, a discussão na área da psicologia e da economia comportamental avançou para entender melhor essa aversão e como tomamos decisões quando há riscos envolvidos.

Segundo Daniel Kahneman, em *Rápido e devagar*, as apostas, como as loterias, fornecem um modelo simples que pode ser usado para explicar decisões mais complexas. Afinal, o fator importante contido nelas é a incerteza. "Muitas das opções que enfrentamos na vida são 'mistas': há um risco de perda e uma oportunidade para ganho, e devemos decidir se aceitamos a aposta ou a rejeitamos", diz o pesquisador. A questão é que, quando comparadas, as perdas são sentidas com mais intensidade do que os ganhos. Ganhar cinquenta reais dá uma sensação de prazer menos intensa do que a sensação de tristeza de perder cinquenta reais.

"Claro que a aversão à perda não implica que você nunca prefira mudar sua situação; os benefícios de uma oportunidade podem exceder até perdas preponderantes. A aversão à perda implica apenas que as escolhas são fortemente inclinadas em favor da situação de referência", escreve Kahneman. "Aver-

115

são à perda é uma poderosa força conservadora que favorece mudanças mínimas do status quo nas vidas tanto das instituições como dos indivíduos. Esse conservadorismo ajuda a nos manter estáveis no bairro onde moramos, em nosso casamento e em nosso emprego." Por isso, ter coragem para mudar não é simples. Muitas vezes, a pessoa não sabe por onde começar para juntar forças e tomar outro caminho na vida profissional.

Daniel Goleman fornece algumas dicas que podem nos ajudar a sair de certas encruzilhadas. Ele sugere, primeiro, refletir sobre o passado, identificando momentos de transição, analisando quais os principais valores que aparecem e como os objetivos mudaram com o passar do tempo. Depois, recomenda imaginar o futuro: o que estará fazendo e com quem quer estar. O tempo para autoexame como parte da rotina também é fundamental, mesmo que seja com o auxílio de um coach, por exemplo. Se concluir que não é hora de fazer mudanças, pode pensar em alternativas para transformar o ambiente em que já está inserido — mudanças que atingem quem está ao nosso redor de forma positiva ou que dão mais sentido ao trabalho. A decisão, nesse caso, é se habituar a experimentar o novo, independentemente dos resultados.

Já que o medo sempre estará presente, por ser uma característica humana, é você quem escolhe o que fazer com ele. No meu caso, o medo foi o meu motor. Ele aparecia, eu o considerava uma fraqueza e ficava aflita, mas o enfrentava e o encarava para que fosse embora. No desafio seguinte, o frio na barriga era ainda maior e, mais uma vez, usava o medo como combustível. O medo é ruim, pois pode ter um efeito paralisante, mas pode ser enfrentado. Aprendi que a ação — estudar, trocar ideias e buscar soluções — pode acabar com quase todos os problemas. Precisamos colocar no papel, enxergar as dimensões e minimamente ter um plano tático. Depois, a energia e

CORAGEM

a persistência nos levam ao pico da montanha, que será do tamanho da energia investida.

Um dos fatores que nos paralisa quando temos que decidir se corremos ou não um risco e saímos do nosso universo seguro e previsível é o medo do arrependimento. No entanto, duas evidências científicas podem convencê-lo do contrário.

Daniel Gilbert, psicólogo de Harvard, alega que antecipamos mais arrependimento do que de fato sentiremos, pois subestimamos o poder das nossas defesas psicológicas. Gilbert ficou mundialmente conhecido com o livro *O que nos faz felizes*. A recomendação é não dar peso demais a esse sentimento de remorso. Se você sentir, vai doer menos do que imagina hoje.

Para os psicólogos Tom Gilovich e Vicky Medvec,[1] que também estudaram o arrependimento, a maioria das pessoas lamenta não ter feito alguma coisa mais do que ter feito. Entre os arrependimentos mais populares estão não ter feito faculdade, não ter aproveitado oportunidades de negócio e não ter passado tempo suficiente com os amigos e a família.

Não sou boa em esportes. Nunca gostei de praticá-los, talvez porque não fosse moda durante minha juventude. Até tentei, mas não conseguia ter bons resultados em nenhuma modalidade. Foi assim com o esqui, por exemplo. Durante uma temporada de estudos em Boston, nos Estados Unidos, ia para Vermont nos finais de semana, um destino popular para quem gosta de esquiar. Tentei bravamente aprender com os professores, mas não me tornei uma praticante do esporte. Por outro lado, as aulas me deram um insight muito útil, que uso frequentemente ao orientar executivos.

Para esquiar, depois de aprender o básico, a pessoa precisa perder o medo e deixar os pés paralelos para deslizar pelas montanhas. Se ficar com os pés em posição V, com os esquis apontados um para o outro, não sai do lugar. É como se fosse

O QUE FAZ A DIFERENÇA

o freio. A coragem e a decisão de se soltar para a aventura, deixando os pés paralelos, é interna, pessoal. Se você não quiser soltar, e continuar freando, não vai em frente. Isso acontece também na vida real. Conseguimos sentir quando estamos com os pés em V, parados, congelados diante de uma situação. E, às vezes, basta um pequeno movimento para mudar tudo. Mudar a posição dos pés é uma metáfora que encontrei para este movimento interno que chamamos de coragem.

Curiosidade

EM INHOTIM, UM MUSEU A CÉU ABERTO em Minas Gerais com um dos mais relevantes acervos de arte contemporânea do mundo, há uma obra de Cildo Meireles chamada *Através*. A instalação reúne diferentes objetos e materiais que são usados como barreiras no nosso cotidiano. O chão, por exemplo, é todo forrado de cacos de vidro. Sobre ele, há uma cortina de chuveiro, uma grade de prisão e uma cerca. Quando os visitantes chegam, costumam parar em volta da instalação, que parece intransponível, e hesitam. Ficam apenas olhando e imaginando o que há por trás daquelas barreiras. Entretanto, quando alguém toma a iniciativa e anda sobre os cacos de vidro — que não são pontiagudos e não machucam caso se esteja descalço —, outras pessoas passam a segui-la e a explorar o espaço de outra forma.

Durante minha primeira visita a Inhotim, essa obra de Meireles foi a que mais me marcou e me fez refletir. Ela nos faz lembrar como nós mesmos nos colocamos limites. Inicialmente, a instalação é um emaranhado de obstáculos. O que parece impossível vai se tornando possível pela vivência. Essa experiência me conectou a uma questão que sempre me intrigou profissionalmente: onde está, de fato, o limite de cada um? "O convite é que o corpo experimente de perto esta estrutura, descobrindo e deixando para trás novas barreiras. Com sua conformação labiríntica e experiência sensorial de descoberta, *Através* e seus obstáculos aludem às barreiras da vida e ao nosso desejo, nem sempre claro, de superá-las", diz a descrição da obra no site do museu. Ter a curiosidade de enxergar além e transpor as barreiras conhecidas para descobrir o que há além do nosso pequeno universo particular é uma qualidade e faz diferença no crescimento profissional.

As pessoas que entrevistei para este livro tinham em comum o fato de estarem sempre com os radares ligados, buscarem crescimento, absorverem o conhecimento de pessoas próximas e serem curiosas. Essa tendência a absorver e internalizar o que está ao redor, contribui de maneira relevante para alimentar a espiral positiva e alcançar o sucesso no longo prazo.

A psicóloga norte-americana Carol S. Dweck, professora da Universidade Stanford e uma das pesquisadoras mais proeminentes na área de motivação, começou sua carreira estudando como crianças de dez anos encaravam desafios e dificuldades. Ela colocava diante delas problemas ligeiramente mais avançados do que se esperaria no nível de desenvolvimento em que estavam. Uma parte das crianças reagia com empolgação. "Adoro desafios!", diziam. Outras achavam um horror ter que passar por aquilo e ter a sua inteligência posta à prova.

Com o passar dos anos, Dweck refinou sua pesquisa e seu olhar para diferenciar dois tipos de mentalidade. Em seu livro *Mindset*, ela explica que podemos adotar o *mindset* de crescimento (demonstrado pelo primeiro grupo de crianças)

CURIOSIDADE

ou o *mindset* fixo (demonstrado pelo segundo grupo). Os que adotam o de crescimento consideram que o importante é o aprendizado e aproveitam as oportunidades para melhorar. Já os que têm o fixo consideram que a inteligência é dada e imutável. Após décadas de pesquisa, ela chegou à conclusão de que ter o mindset de crescimento facilita o caminho para o sucesso. Afinal, ele permite explorar potenciais e expandir capacidades. Não à toa o famoso CEO da General Electric, Jack Welch, escolhia executivos nos quais reconhecia o que chamava de "pista de decolagem", ou seja, sua capacidade de crescimento.

Dweck descobriu que atletas, CEOs, músicos e cientistas com mindset de crescimento adoram o que fazem, o que muitas vezes não é o caso com os que têm mindset fixo. "O topo é o lugar onde as pessoas com mindset fixo queriam estar, mas onde os com mindset de crescimento chegam como consequência de seu entusiasmo pelo que fazem", afirma a autora no livro. Você não precisa achar que é competente em algo para desejar fazê-lo e ter prazer nisso. Pode mergulhar com empenho e perseverar — e isso pode lhe dar prazer.

Essa tese me lembra justamente a experiência que vivi em Inhotim. O mindset de crescimento está intimamente relacionado à transposição de barreiras e à capacidade de enxergar que não estamos confinados, que podemos ir sempre além. É uma questão de crença e atitude.

A Teoria do *Flow*

Quando se fala em empresário com mente aberta e curiosidade aguçada, logo se pensa em Steve Jobs. O fundador da Apple, ao desistir da faculdade, passou a assistir a aulas

O QUE FAZ A DIFERENÇA

que não estavam em seu currículo. Uma delas foi a de caligrafia, porque achava lindos os pôsteres colados nos arredores do campus. Descobriu um mundo que o fascinou e foi ao encontro de sua obsessão natural pela estética. Aquele conhecimento ficou dez anos dormente, até que, ao desenhar o primeiro Macintosh, decidiu aplicar o que havia aprendido naquele curso e criou o primeiro computador com uma bela tipografia. "Se eu não tivesse largado a faculdade, nunca entraria nessa aula de caligrafia, e os computadores pessoais poderiam não ter essa maravilhosa tipografia", afirmou Jobs em um discurso de formatura na Universidade Stanford, ao falar sobre como os pontos da nossa vida se conectam quando olhamos para trás.[1]

O psicólogo húngaro Mihaly Csikszentmihalyi criou a Teoria do *Flow*.* Nele, o desafio é tratado como um elemento fundamental na busca de uma vida com mais sentido. A ideia defendida é que o prazer está na fronteira entre o tédio e a ansiedade, em um estado que ele chama de canal de *flow*. No extremo, o tédio seria fazer uma atividade sobre a qual você já conhece todos os detalhes e é sempre repetitiva. No limite oposto, a ansiedade seria assumir uma função que exigisse muito mais conhecimento e capacidade do que você foi preparado para ter até então. O resultado ótimo é o meio-termo, ou seja, um desafio que seja possível encarar com uma dose considerável de dedicação.

O executivo Alex Behring estava começando a se sentir como parte do triângulo inferior do diagrama do *flow*, aproximando-se do tédio, quando decidiu inscrever-se em um MBA nos Estados Unidos. Naquele momento, ele era dono de parte

---

* Em português, fluxo. No entanto, os profissionais da área adotaram, em sua maioria, o termo em inglês. (N. E.)

CURIOSIDADE

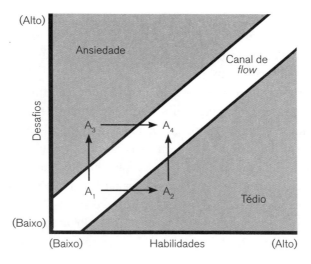

FONTE: Mihaly Csikszentmihalyi, *Flow: The Psychology of Optimal Experience*, p. 74.

de um negócio de tecnologia para o setor financeiro, mas o seu sócio estava satisfeito com o nível que tinham alcançado e não queria mais arriscar. "Eu queria crescer e também achava que precisava aprender", conta. Deixou um negócio que estava dando certo para alargar sua visão e saber mais. Essa sua característica de "esponja de aprendizado" também esteve presente em outros momentos de sua vida profissional, como quando assumiu uma companhia de trens, a ALL, e não sabia quase nada sobre o setor ferroviário. Com uma gestão bem-sucedida, Behring a transformou em uma empresa de logística que foi rapidamente valorizada pelo mercado.

Os aprendizados podem ser extraídos de diferentes fontes. Manuella Curti, do Grupo Europa, buscou o aprendizado de que precisava em um profissional mais experiente. Depois da morte do pai, passou a participar do dia a dia da empresa, sem saber direito por onde começar. Durante um processo de coaching, conheceu Wilson Poit, fundador da Poit Energia. Ele teve um papel fundamental como mentor durante o processo de Manuella, ajudando-a a conhecer o mercado e a estruturar um conselho consultivo.

Outro que nunca teve medo de aprender foi Marcelo Medeiros. Primeiro de quatro filhos, quando adolescente gostava de ajudar o pai, endocrinologista, nos artigos que ele publicava em revistas científicas. Embora não entendesse muito de biologia, era fã de matemática e o auxiliava na parte estatística.

Marcelo formou-se em engenharia na Escola Politécnica da USP, foi sócio do banco Garantia e hoje é sócio-fundador de três fundos de investimento: Lanx Capital, Principia Capital e Cambuhy. Seus investimentos vão de startups na Califórnia a grandes empresas no Brasil, como Eneva e Alpargatas.

Quando era universitário, por incentivo do irmão, que morava nos Estados Unidos e via diferentes tipos de benjamins para tomada à venda, montou uma empresa de fabricação de material elétrico. Teve que estudar como fazer moldes de injeção, prensas, ferramentas e estruturar todo o processo de produção. Como ele mesmo diz, fundou uma startup do século passado. A empresa não rendeu muito dinheiro e ele demorou dois anos a mais para se formar, mas aprendeu muito com a experiência e conseguiu recuperar o investimento com a venda do negócio.

Naquela época, conseguir o visto de trabalho não era difícil, então, depois de passar a empresa para a frente, conseguiu um emprego em uma corretora nos Estados Unidos especializada em vender ações que alguns executivos tinham como parte de seu pacote de remuneração. No ano seguinte, voltou ao Brasil para trabalhar em uma consultoria, da qual logo se tornou sócio. Pouco tempo depois, ele e os outros sócios decidiram fazer uma fusão com uma empresa financeira do grupo

CURIOSIDADE

Brascan para criar um banco. Aos 28 anos, Marcelo virou sócio do Banco Capitaltec S.A., um dos líderes do mercado de debêntures no fim dos anos 1980.

Aos 31 anos, aceitou um convite do banco Garantia para criar um fundo de privatização, mas o projeto não decolou. Com uma mesa e um telefone à disposição e nenhum trabalho para fazer, precisava ter uma nova ideia. Pediu para assumir fusões e aquisições, na época um negócio pouco relevante no Garantia. Deu certo. Novamente, como os resultados da área foram de muito impacto, tornou-se sócio em um ano. Sua mentalidade era fazer o que precisava ser feito para o banco crescer sem se desviar em elucubrações.

Com a área consolidada, Marcelo partiu para outro projeto: um fundo de *private equity* no banco Garantia, que investiu em empresas como TAM, NET e ALL e foi um grande sucesso em termos de impacto e resultados. Em 1998, quando o Garantia foi vendido para o Credit Suisse, Marcelo ficou. Passou três anos como co-head de *private equity* para a América Latina e depois assumiu a área de clientes, incluindo Investment Banking, crédito, derivativos e renda fixa.

Em 2003 negociou a sua saída, mas o pacote incluía uma cláusula de *non-compete* concorrência, que o impedia de atuar no mesmo mercado. Como ficar parado não era uma opção, decidiu retomar sua relação com a estatística na pesquisa acadêmica. Fez um mestrado em psicologia, que, segundo ele, é uma disciplina com "uma relação muito mal resolvida com a estatística e o tratamento matemático dos resultados". Conversava longamente com suas orientadoras sobre esse e outros temas e passava os dias lendo artigos.

Assim que acabou o *non-compete*, Marcelo voltou a empreender. Criou, em sociedade com o Credit Suisse, o DLJ South American Partners, um dos fundos de *private equity*

125

mais bem-sucedidos da época. Estava sempre pensando em qual seria o modelo ideal para lidar com os interesses dos investidores e as oportunidades. Em 2012, conversando sobre o tema com Pedro Moreira Salles, surgiu a ideia de uma empresa com capital permanente, um a três grandes investimentos e nenhuma restrição de prazo, setor ou geografia: a Cambuhy.

Minha avaliação é de que Marcelo tem o perfil inquisitivo, de quem gosta de pesquisar e se aprofundar nos assuntos. Seu interesse de empreender e, principalmente, aprender o fez se envolver em projetos embrionários e ampliar o escopo de sua atuação, sem se colocar limites. Essa foi sua marca em todos os lugares pelos quais passou, mesmo que tenha tido que aprender *on the job*. Ele poderia ter tocado qualquer projeto em qualquer lugar caso estivesse interessado. E o melhor é que, da mesma maneira que estrutura e traça seus planos, possui alta sensibilidade e humildade, o que o ajuda ainda mais a se aproximar de boas ideias.

Outro que leva o aprendizado a sério — tanto que se tornou presidente de uma empresa educacional, a Kroton — é Rodrigo Galindo. Ele relembra sua intensa busca por conhecimento durante a profissionalização da empresa da família.

Eu era bem jovem e já tinha me formado em direito. Nunca tinha feito um planejamento estratégico. Era muito intuitivo, então precisava desenvolver o lastro teórico. Vinha para São Paulo fazer cursos de curta duração na FGV, para ter as referências. No primeiro planejamento estratégico que a gente fez, reuniu os executivos da companhia com o livro *Balance Scorecard*, de Robert Kaplan e David Norton, sobre a mesa. A gente abria o livro para saber qual seria o próximo passo da discussão e a metodologia.

CURIOSIDADE

Sua perseverança em ir atrás do conhecimento gerava desconfiança até entre os familiares. "Eu dizia para o meu irmão que queria ser o melhor gestor de educação do Brasil. Ele dava risada. Dizia que, mesmo que eu fosse, ninguém nunca saberia, por estarmos longe dos grandes centros. Ser o melhor de Cuiabá [cidade onde moravam], para ele, já estava bom", diz Rodrigo. Em 2017, o lucro líquido da Kroton bateu a casa dos 2 bilhões de reais, e ela se tornou uma das maiores histórias de geração de valor para acionistas no Brasil.

Esses exemplos mostram que não há lugar nem tempo certos para se aprofundar nos estudos. Csikszentmihalyi fez uma pesquisa para saber onde as pessoas experimentavam mais momentos de *flow*, ou seja, quando faziam algo em que estavam realmente envolvidas, no trabalho ou nos momentos de lazer. Os pesquisadores deram um *pager* a mais de cem homens e mulheres. Durante uma semana, o pager apitava oito vezes por dia, e, a cada alarme, eles deveriam escrever em um diário o que estavam fazendo e como se sentiam naquele momento.

As respostas foram analisadas conforme os parâmetros de *flow*, que leva em conta o prazer gerado e o foco. O resultado surpreendente foi que os participantes experimentavam momentos de *flow* com mais frequência no trabalho do que nos momentos de lazer. Durante o trabalho, 54% das respostas estavam dentro do canal de *flow*. Já enquanto desfrutavam das horas de lazer (assistir à TV, encontrar amigos, ir a restaurantes), 18%. A diferença foi encontrada em todos os tipos de profissionais, inclusive entre aqueles que exercem trabalhos repetitivos.

A teoria de Csikszentmihalyi para explicar por que as pessoas continuavam dizendo que prefeririam estar de férias ou de folga a estar trabalhando repousa no fato de que criamos um estereótipo cultural do trabalho como uma imposição, uma restrição à liberdade, uma obrigação a ser evitada sempre que possível. Ele também defendeu uma mudança da nossa relação com o tempo livre, como, por exemplo, evitar o consumo passivo da mídia de massa. Isso tudo em 1990, antes mesmo da internet e da Netflix.

Como Csikszentmihalyi diz, logo no início do seu livro *Flow*, "ao contrário do que costumamos acreditar, os melhores momentos das nossas vidas não são passivos, receptivos ou relaxantes". A experiência ótima, diz, é o que fazemos acontecer.

Quebrando a caixa

Voltemos à analogia de Inhotim e às barreiras que estabelecemos a nós mesmos. Já vimos que ter vontade de aprender é uma característica que deve ser desenvolvida na busca por uma vida bem-sucedida. Mas, na prática, nem sempre o caminho está claro ou é fácil buscar o tempo todo novos conhecimentos e desafios.

Parte dessa barreira é culpa de uma dificuldade que o ser humano tem de deixar ideias antigas e preestabelecidas para trás. No livro *The Eureka Factor*, os neurocientistas norte-americanos John Kounios e Mark Beeman usam a metáfora da caixa para explicar essa resistência padrão. Segundo eles, o nosso cérebro assume regras e limites para conseguir sobreviver ao caos da existência. Processando milhares de informações diariamente, criamos modelos mentais do mundo — nossas caixas — para prever o que acontecerá a seguir. Assim, nos tornamos uma máquina de antecipação para tomar decisões mais rapidamente.

Nossas caixas são construídas durante a vida. As crianças costumam surpreender os adultos com seus comentários aparentemente desconexos porque as suas regras ainda não estão formadas. Elas têm menos barreiras ao pensamento e à imaginação. Se, por um lado, a limitação que construímos ao longo da vida pode impedir nossa criatividade, por outro, ela também nos deixa mais espertos. A questão é que, para alguns dilemas, precisamos sair do modo automático. E isso é mais difícil do que se pode supor. "Estamos condenados a viver em uma caixa. Isso pode nos impedir de resolver problemas importantes, como se — ou quando — procurar um novo emprego", explicam os autores.

Um exemplo divertido, que aprendi nos meus tempos de executiva, de como encaixotamos o mundo é o problema dos nove pontos. Tente ligar os nove pontos do quadrado a seguir com apenas quatro linhas.

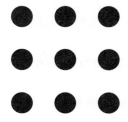

Pense um pouco.

Não conseguiu?

Bem, o problema só pode ser resolvido quando as linhas extrapolam o limite do quadrado. Assim:

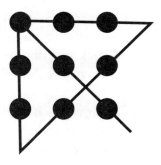

O QUE FAZ A DIFERENÇA

"Mas ninguém disse que eu poderia fazer a linha fora do quadrado!"

Bem, ninguém disse que você não poderia. É preciso pensar fora da caixa para avançar.

Segundo o professor de filosofia William Irvine, a inspiração surge da colaboração entre a consciência e o inconsciente. A mente consciente armazena os paradigmas, domina as regras e deduz as consequências dessas regras. O inconsciente, no entanto, possui a habilidade de descartar as regras da ciência e da sociedade. Irvine dá como exemplo os cientistas interessados em áreas que não são suas especialidades. Ao trabalharem com assuntos inseridos em outros paradigmas, acabam enxergando além justamente por estarem distantes da rigidez mental.

Entre as diferentes carreiras que podemos escolher, há mais ou menos exigência de pensar fora da caixa. Um auditor da Receita Federal, por exemplo, fará um trabalho excelente seguindo regras. Já um artista não pode se limitar ao que já existe ou sua arte não terá valor.

Sob a perspectiva do aprendizado, costumo usar o embate entre conformidade e flexibilidade. Uma pessoa flexível é capaz de descartar o que já sabe e agarrar novos conhecimentos. Isso a faz crescer exponencialmente. Por outro lado, uma pessoa com alta conformidade não consegue jogar fora o que já acumulou. Ela repete movimentos e tem baixa maleabilidade para conseguir testar novas formas ou enxergar um novo caminho. Por isso, cresce apenas linearmente. Na escala que tem a conformidade em um extremo e a flexibilidade no outro, onde você acredita estar?

É importante ressaltar que não há certo nem errado. É possível ser competente com um estilo de flexibilidade baixa e conformidade alta. Tem gente que está mais para auditor do

CURIOSIDADE

que para artista. É uma questão de estilo e competências, e o ideal é que sua carreira esteja alinhada com isso.

A questão é que quem cria mais espaço dentro de si para aprender algo novo tem mais chance de ampliar horizontes e de quebrar barreiras. Mesmo que você tenda mais para a conformidade, pode esforçar-se para aprender continuamente e buscar certa flexibilidade. A diferença entre os dois extremos dessa escala, no longo prazo, é como o curso de um rio. Há rio que se mantém mansinho, enquanto outro, munido de energia, se transforma em cachoeira.

Disciplina e garra
para manter o foco

PARA CHEGAR AO RESULTADO PROFISSIONAL desejado no longo prazo, é preciso ser cada dia um pouco melhor, cumprir metas gradativamente e manter o ritmo mesmo em dias de menos motivação. Sei que não é fácil. Por isso, é preciso ter foco no seu objetivo, de acordo com os desejos e valores que o movem. A disciplina e a garra são as ferramentas que você usará para ir atrás do resultado que almeja. A boa notícia é que são características que podem ser desenvolvidas ao longo do tempo.

Disciplina é a capacidade de manter dedicação constante e de executar o que nos foi determinado, independentemente das oscilações do desejo e das tentações de prazeres imediatos. Muitas pessoas só conseguem ter disciplina devido a pressões externas — na escola, por exigência dos professores e dos pais, ou no trabalho, para cumprir as ordens do chefe ou do cliente. São poucos os que conseguem desenvolver a autodisciplina.

No livro *Florescer*, Martin E. P. Seligman afirma que a autodisciplina é uma das respostas para explicar quanto tem-

DISCIPLINA E GARRA PARA MANTER O FOCO

po e prática deliberada uma criança está disposta a dedicar a uma realização. "Se quisermos maximizar o desempenho das crianças, precisamos promover a autodisciplina", diz, defendendo a importância de cultivar essa característica para realizações futuras.

Quem se aprimorou ainda mais no estudo da autodisciplina foi, na verdade, uma aluna de Seligman, a norte-americana Angela Duckworth, orientada por ele durante seu Ph.D em psicologia. Ela ficou mundialmente conhecida por seu livro *Garra: O poder da paixão e da perseverança*, no qual defende que o segredo para conquistas fora da curva são uma combinação de paixão e persistência na busca de um objetivo, e que raramente tem a ver com talento.

Em seu artigo "Self-Discipline Outdoes IQ in Predicting Academic Performance of Adolescents", publicado em 2005, ela acompanha 164 alunos do oitavo ano, aplicando testes que consistiam em adiar gratificações — por exemplo, receber um dólar hoje ou dois na próxima semana —, questionários sobre disciplina e hábitos de estudos, além de um teste de QI. As variáveis foram mensuradas no trimestre do outono, quando começa o ano letivo nos Estados Unidos. A conclusão foi de que havia uma relação muito maior entre a performance acadêmica e a autodisciplina do que a performance e o QI. Os alunos classificados como muito autodisciplinados tiveram notas maiores, dedicaram mais tempo à lição de casa, faltaram em menos aulas e assistiram a menos televisão, e sua performance foi superior à dos apenas talentosos. "Acreditamos que muitas crianças americanas têm dificuldade em tomar decisões que lhes exijam o sacrifício do prazer imediato em favor de um ganho de longo prazo, e que programas que desenvolvem a autodisciplina podem ser a via régia para a construção do êxito acadêmico", afirmou Angela, na conclusão do artigo.

133

O efeito do esporte na autodisciplina

Não são poucos os profissionais bem-sucedidos que citam a importância da prática esportiva em sua trajetória profissional. Especialmente aqueles que, por um período de suas vidas, dedicaram-se com afinco a alguma modalidade. Uma das características que eles desenvolvem em função dos treinos é justamente a autodisciplina.

Segundo o psicólogo esportivo João Ricardo Cozac, o esporte contribui para criar um campo psicossocial enriquecido. Na fase da infância, ajuda na socialização do indivíduo, no autoconhecimento e na construção da identidade. A disciplina e o treinamento estão entre os fundamentos básicos do esporte. Além deles, são estimuladas habilidades como o aprendizado, o respeito, a ética, o companheirismo, a cidadania e a convivência.

Um dos exemplos mais próximos que conheço é o de Letícia Perez, minha sócia na INWI. Nós nos conhecemos quando ela era estagiária. Ela é hiperativa e na infância era ainda mais. Para "gastar essa energia", sua mãe foi orientada a incluir o esporte em sua agenda. Ela passou a treinar patrocinada pelo clube Esperia e foi atleta emprestada para o clube Pinheiros, em São Paulo, durante uma situação pontual em sua carreira. Nesse tempo, desenvolveu disciplina e resiliência para aguentar as competições e as exigências dos treinadores. Parou de competir ao entrar na universidade e decidiu estagiar em empresas, mas o esporte nunca saiu dela. Levou consigo a habilidade de manter o foco na carreira e ir mais longe.

Para Amyr Klink, as aulas de remo foram exercícios de disciplina e dedicação plena. Durante seis anos, fez aula das 4h às 7h da manhã, na raia olímpica da USP. Foi a primeira vez que se dedicou com afinco a uma atividade. A disciplina de seu téc-

DISCIPLINA E GARRA PARA MANTER O FOCO

nico Arlindo o marcou de forma especial. Nos primeiros quatro meses, o técnico não o deixava remar, exigia que Amyr corresse doze quilômetros na USP, todos os dias. "Eu perguntava: 'Posso limpar o barco?'. 'Não, vai correr.' 'Posso enxugar os remos?' 'Não'. 'Posso limpar o banheiro?' 'Não.' Depois entendi por quê. É um esporte que exige dedicação total", relembra. Depois que pegou os remos, o técnico não deixava a equipe participar de uma prova nacional sem antes ter treinado mil horas na água. "Mil horas significa remar um ano, todos os dias, sem pausa, sem feriado nem fim de semana", conta o navegador.

Durante as circum-navegações que realizou, o compromisso com as datas e os horários era fundamental para que a viagem acontecesse, e o remo foi uma das experiências que contribuiu para esse aprendizado. Klink também reflete sobre uma característica que, para mim, está totalmente conectada à disciplina: a capacidade de não ter apenas iniciativa, mas compromisso para executar e concluir o que começou.

Os fundadores da 3G Capital e acionistas da AB Inbev, Jorge Paulo Lemann, Marcel Telles e Beto Sicupira, são os melhores exemplos de disciplina que já vi. Os três ficaram famosos pela ideia do sonho grande — que dá o mesmo trabalho que sonhar pequeno —, mas seus negócios na verdade estão baseados na disciplina para traduzir o sonho em execução. É preciso estruturar ideias, pois a pessoa que apenas se dedica à execução sem foco é "barata voa" (expressão que sempre uso para me referir à pessoa que fica sem rumo, sem saber o que fazer). Mas é, sobretudo, a capacidade de tirá-las do papel que fez a diferença no caso dos três sócios. Coincidência ou não, o mais famoso deles, Jorge Paulo Lemann, chegou quase a ser atleta profissional. O tênis foi uma das práticas que o ajudou a construir disciplina. Começou a jogar aos sete anos, aprendeu a competir, a perder, a treinar, a ter autocontrole e a disciplina que lhe faltava na escola. Participou de torneios desde cedo e entendeu que o esporte exigia muito treino e dedicação. Chegou a disputar, em 1962, a primeira rodada do tradicional torneio de Wimbledon.

Antonio Bonchristiano, CEO da GP Investments, é outro que tem a prática esportiva como companheira desde cedo. Quando jovem, participava de competições de natação. "Foi importante na minha formação competir, nadar, treinar. Treinávamos duas vezes por dia, das 5h às 6h30 e depois da aula, das 15h às 18h. Era uma hora de musculação, uma de corrida e duas de piscina. Essa disciplina foi fundamental para a minha formação", diz. No primeiro ano do colegial, mudou-se do interior de São Paulo para a capital e interrompeu a natação por conta das aulas em período integral no colégio Santa Cruz. Aos 24 anos, quando morava em Londres, ficou frustrado ao engordar e decidiu começar a correr, hábito que mantém desde então. "A disciplina da corrida, principalmente da maratona, para mim foi muito importante naquele período da vida."

Outro conhecido no mundo dos negócios, Abilio Diniz, costuma afirmar que a disciplina é um dos valores mais importantes em sua vida. Na época de escola, ele estava acima do peso e era pouco popular, e o esporte mudou seu status de saco de pancadas do grupo. Começou a praticar boxe, judô, caratê e capoeira para ser mais respeitado nas brigas. Conseguiu. Depois, passou a praticar corrida diariamente.

Em sua autobiografia, Abilio diz que a prática do esporte permitiu que desenvolvesse o autoconhecimento, a busca por equilíbrio e a evolução pessoal e tivesse mais espírito competitivo — que ele aplica em sua vida profissional. Em uma palestra, afirmou que não sabe definir se sua determinação e disciplina começaram no esporte, mas garantiu

DISCIPLINA E GARRA PARA MANTER O FOCO

que praticar esporte, desenvolver a disciplina e preparar a cabeça e o corpo são essenciais para a vida de um bom líder corporativo. Além disso, um aspecto acaba alimentando e aperfeiçoando o outro.

Garra × talento

Angela Duckworth estudou um traço extremo da autodisciplina: a garra. Ela defende que, mais do que qualquer habilidade nata, é preciso ter perseverança para atingir objetivos. "Nosso potencial é uma coisa. O que fazemos com ele é outra, bem diferente", afirma. Uma das formas de perseverar é ter a disciplina de tentar fazer melhor hoje do que ontem. A pesquisadora também argumenta que é necessário ter consistência ao longo do tempo e ser capaz de manter uma meta por um bom período para alcançá-la. Depois de descobrir um interesse, afirma, é necessário criar uma prática focada e dedicada para chegar aonde se almeja.

Um dos exemplos que ela apresenta em seu livro é o de Bob Mankoff, o editor de cartuns da revista *The New Yorker*. Mankoff teve mais de 2 mil cartuns rejeitados antes de finalmente conseguir publicar um deles no final da década de 1970. Para que isso acontecesse, olhou todos os cartuns que a revista havia aceitado desde 1925, até encontrar os elementos que utilizaria para fazer um trabalho digno da *New Yorker*. "Quanto mais garra você tem, mais tempo despende na tarefa, e todas essas horas não apenas se somam a qualquer habilidade inata que você tenha, elas multiplicam seu progresso rumo ao objetivo", afirma Martin E. P. Seligman, orientador de Angela.

A garra é justamente o oposto da filosofia do Zeca Pagodinho, citada no capítulo anterior. Só saímos do lugar, superamos um momento difícil em nossas vidas e encontramos uma sensação realmente gratificante depois de um esforço deliberado. Após acompanhar tantas carreiras, tenho certeza de que o melhor antídoto para a depressão é a ação. Tenho consciência de que a depressão diagnosticada pode exigir um tratamento psiquiátrico, pois sua origem nem sempre é simples. No entanto, exceto em casos patológicos, para espantar o torpor é preciso estar em movimento, seja no trabalho, nos círculos sociais, na vida familiar ou nos momentos solitários.

A disponibilidade para o aprendizado permite aperfeiçoar qualquer habilidade, ainda que não seja nata. O psicólogo norte-americano Benjamin Bloom foi um dos pensadores a influenciar a maneira de ver a educação e o desenvolvimento de talentos. Ele trabalhou como consultor de educação em diversos países, como Índia e Israel, e presidiu a American Educational Research Association. Em uma das últimas fases de sua vida acadêmica, escreveu o livro *Developing Talent in Young People* após analisar 120 pessoas "imensamente talentosas". Seu trabalho incluiu profissionais tão distintos quanto pianistas, escultores, nadadores, matemáticos e neurologistas. Seu método de pesquisa incluiu entrevistar não só esses "talentos", mas também seus pais e pessoas próximas, como técnicos ou professores.

A maior parte dos 120 participantes não havia demonstrado qualidades excepcionais na infância e não exibira evidente talento antes de se dedicar com energia aos estudos. O que os levou ao topo foi a motivação, a dedicação, o apoio e, principalmente, a gana de trabalhar e o desejo de se sobressair nos ambientes pelos quais passaram. Ou seja, o esforço contínuo fez com que seus talentos fossem reconhecidos. "Em toda nação e em toda empreitada, alguns se saem melhor do que outros porque dão mais de si mesmos. O ponto é que, sob condições

DISCIPLINA E GARRA PARA MANTER O FOCO

favoráveis de aprendizado, a maior parte das pessoas atinge um alto nível de excelência", afirmou Bloom em uma entrevista à revista *Educational Leadership*.[1]

A importância da prática e da dedicação ficaram consagradas com a "tese das 10 mil horas", espalhada pelo mundo pelo jornalista britânico Malcolm Gladwell em seu livro *Fora de série*. De acordo com Gladwell, conquista é a soma do talento com o preparo. Mas esse preparo, para que seja excelente, é de muitas e muitas horas. Aí é que entra a garra. Em sua pesquisa, ele defende que quanto mais os psicólogos analisam, menor parece o papel desempenhado pelo talento e maior a importância da preparação. Seus exemplos vão de enxadristas aos Beatles. A banda inglesa teria atingido as 10 mil horas de prática ajudada principalmente por uma temporada em Hamburgo, na Alemanha, onde tocava diariamente nas ruas.

As conclusões de Gladwell já foram criticadas. David Epstein, por exemplo, autor de *A genética do esporte*, diz que, no caso de atletas, há, sim, características genéticas que determinam quem terá ou não chance de chegar ao topo em certos esportes, não importa quanto tempo de prática tenham. A ciência ainda deve gastar muitas horas de pesquisa discutindo esse assunto, mas, mesmo que uma habilidade nata ou a genética sejam relevantes, é impossível descartar o papel do aprendizado e do esforço.

A psicóloga esportiva Maria Regina Brandão acredita que o talento, em alguns casos, pode atrapalhar. "Para atletas que são muito talentosos precocemente, a vida, muitas vezes, não os ensina a ser determinados em busca de um objetivo, a lutar por aquilo que querem, a se esforçar. São tão habilidosos que não precisam fazer nada disso", afirma.

Ela menciona Pelé, com quem trabalhou durante um projeto. Ele contou uma história marcante de sua infância para

Regina. Com sete anos, ainda morando em Três Corações, em Minas Gerais, ele já mostrava habilidade para o futebol, a ponto de os adultos da rua de cima o convidarem para jogar com eles. Seu pai, vendo o filho ficar convencido, disse que aquele era um talento dado por Deus e que ou ele se esforçava para melhorar ou não chegaria a lugar nenhum. Em casa, o pai passou a treiná-lo e o fez enxergar seu talento de uma forma completamente diferente. Aliou o talento ao compromisso de lapidá-lo. No final, como todos sabem, deu muito certo. Ele se tornou o melhor jogador de futebol de todos os tempos e foi eleito o atleta do século xx.

Outro que teve que se esforçar muito para chegar ao topo foi Michael Jordan, considerado por muitos o melhor jogador de basquete da história. No ensino médio, período importante para o desenvolvimento de atletas nos Estados Unidos, foi cortado da seleção de basquete e não foi recrutado pela Universidade da Carolina do Norte, onde queria jogar. A decepção não o deteve, e Jordan continuou treinando. John Bach, ex-técnico assistente do Chicago Bulls, time em que Jordan se consagrou, dizia que o jogador era um "gênio que quer sempre melhorar sua genialidade".

Em um comercial para a Nike, que foi ao ar em 2008, Jordan diz: "Talvez eu tenha feito vocês acreditarem que foi fácil, quando não foi. [...] Talvez seja minha culpa vocês não saberem que o fracasso me deu forças, que a dor era minha motivação. Talvez eu tenha feito vocês acreditarem que o basquete foi um dom dado por Deus, e não algo pelo qual eu trabalhei todos os dias da minha vida". Mesmo depois da fama, buscava estar sempre um pouco melhor para chegar mais longe.

Também o melhor jogador de basquete do Brasil nas últimas décadas, Oscar Schmidt, sempre rejeitou o apelido de

DISCIPLINA E GARRA PARA MANTER O FOCO

Mão Santa. Afinal, ele alcançou a precisão de jogar a bola na cesta com muita dedicação. Sua rotina de treinamentos incluía, após as atividades diárias com o time, mil arremessos. E ele garante que só terminava a série quando acertava vinte lances consecutivos de três pontos. Em uma entrevista, afirmou categoricamente: "Mão Santa é o c****! É mão treinada".

Visão global: A capacidade de levantar o nariz

NO CAPÍTULO ANTERIOR RESSALTAMOS a importância da disciplina para transformar em ação os planos que escrevemos no papel. Claro que realizar e concluir aquilo que começamos são partes importantíssimas do processo de ascensão na espiral positiva de nossa carreira. No entanto, se não quisermos ser meros executores durante a vida toda, temos que sonhar — inclusive com o que ainda não existe — e ter inspirações.

Eugenio Mussak, professor da Fundação Instituto de Administração (FIA) e da Fundação Dom Cabral, escreveu um artigo sobre disciplina no qual defende que essa conduta aumenta a nossa capacidade de aprender e, a partir disso, realizar. "Quem se disciplina torna-se, ao mesmo tempo, mestre e discípulo. Aprende, produz, cria, alcança os resultados com que sonha", diz.[1]

No entanto, ele aponta que um detalhe sobre a forma de exercer a disciplina pode fazer toda a diferença em seu efeito. Se, por um lado, saber executar o que se propõe com consistência pode ser atitude libertadora para criar a vida que se deseja, por outro, caso não se tome cuidado, o excesso de regras pode aprisionar as pessoas e ser o limitador para o seu crescimento. Para Mussak, a disciplina deve estar a serviço da vontade própria do indivíduo, para que não seja opressora. "O disciplinado sem livre-arbítrio é um escravo competente. Um livre-pensador indisciplinado é um boêmio inconsequente."

Uma visão parcialmente negativa sobre a disciplina e o autocontrole é defendida por Alfie Kohn, educador norte-americano.[2] Autor de catorze livros e crítico do foco que a educação tradicional coloca nas notas, ele publicou um artigo questionando a obsessão pela disciplina que se criou na sociedade atual. Ele cita o psicólogo Jack Block para defender que a falta de autocontrole nem sempre é ruim, podendo ser a base da espontaneidade, da flexibilidade e da abertura para experiências. Para Block, o que conta é a capacidade de o indivíduo escolher se e quando perseverar, exercer o autocontrole e seguir regras — em vez de simplesmente fazer isso em qualquer situação.

Essa ideia alinha-se ao que discutimos anteriormente sobre a coragem e a necessidade de quebrar barreiras, ir além do status quo e da nossa caixa mental. A disciplina é fundamental para executar planos, mas às vezes os planos precisam mudar. Para perceber se nossa perseverança está nos levando a um beco sem saída, é preciso ter uma visão mais ampla da situação. Para mudar ou criar novos caminhos, é preciso conseguir diminuir o zoom de nossas próprias vidas e enxergar o que há além do beco estreito.

Olhar o horizonte

Há um tipo de pessoa que coloco na categoria "tarefeira". É um profissional excelente para a parte operacional, mas que apenas cumpre o que dele se espera ou o que lhe é solicitado. Há pessoas que alcançaram cargos muito altos no mundo corporativo com esse perfil, porque nem sempre representam um problema no trabalho, além de nunca serem uma ameaça para os seus chefes. Com o tarefeiro, a entrega é garantida. Porém, ele é um profissional que tem menos espaço para as novas ideias, a criatividade e a reinvenção (de si mesmo e dos que estão à sua volta).

Os disciplinados precisam se observar com atenção caso não pretendam se tornar tarefeiros. É importante ter um plano, mas controlá-lo e acompanhá-lo obsessivamente pode restringir a visão para um curto prazo, deixando escapar oportunidades. Nesse caso, o ideal é conciliar o rigor da disciplina com a capacidade de deixar "frestas para a entrada de ar fresco" e, assim, conseguir enxergar além.

Costumo me referir a essa última habilidade na metáfora do "hábito de levantar o nariz", que não tem relação à expressão nariz levantado, usada para descrever pessoas esnobes. Trabalhar com foco significa deixar a cabeça baixa e olhar apenas para o que está ao alcance da nossa vista. Levantar o nariz significa, de vez em quando, erguer a cabeça e olhar para o que está ao redor e no horizonte, enxergando longe. É a busca pela inspiração, por novas referências e sempre estar com o radar ligado, atento a novas oportunidades. É a diferença de ser capaz de enxergar só uma árvore ou a floresta inteira. Ter essa variação crítica permite estar mais preparado para fazer mudanças e adaptações quando elas forem necessárias.

Na prática, deixar as frestas abertas significa ir a eventos, viajar, almoçar com pessoas diferentes, ter tempo para conversar e debater. Implica em, mesmo no meio do furacão da rotina, ter um tempo reservado para "escovar os neurônios", para a reflexão e a troca de ideias.

VISÃO GLOBAL: A CAPACIDADE DE LEVANTAR O NARIZ

O publicitário Celso Loducca foi um dos que enxergou além. Percebeu, quando já tinha acumulado prêmios e experiência em agências de publicidade, que não seria um bom negócio ser redator a vida inteira. "Quando estava na FCB — uma das maiores redes globais de agências de publicidade —, fui chamado para montar minha própria agência, algo em que eu não tinha pensado até então."

Ele conta que, na hora, percebeu que muitas pessoas que admirava em propaganda e não abriram seus próprios negócios tinham acabado no ostracismo, sem dinheiro, mesmo sendo competentes. Decidiu que era hora de tomar a iniciativa de abrir o próprio negócio.

Não é preciso ser um executivo experiente para exercitar a visão mais ampla. Acho engraçado ver que os camelôs, por exemplo, estão sempre atentos à demanda do momento, às últimas novidades, à possível próxima moda, aos novos fornecedores internacionais. Tive uma funcionária na empresa que também é um ótimo exemplo de que ter essa visão independe do cargo. Marta Lucia Alencar era a copeira do escritório, mas desempenhava sua função sempre olhando além. Sabia exatamente o que poderia impactar a paz no escritório. Tinha preocupação com o sigilo, por exemplo, e chegava a ponto de cuidar do lixo, para ter certeza de que ninguém acharia nenhuma informação confidencial. Ela entendia os motivos de prestar atenção redobrada a esse material. Também resolvia tarefas que não eram sua obrigação, como preocupar-se em procurar e selecionar opções de profissionais para substituí-la durante suas férias. Sempre trazia quatro potenciais substitutas, entrevistadas e com parecer pronto e escrito sobre cada uma delas. Sua visão, aliada a sua disciplina e competência, a levou ao cargo de governanta.

O que aconteceu no mercado de cervejas do Brasil, quando, nos anos 1990, Brahma e Antártica se juntaram para formar a AmBev, também pode ser um bom exemplo de visão. Naquela época ainda não se falava em consolidação de mercado. Ninguém havia pensado nisso. Depois deles, empresas concorrentes em quase todos os setores começaram a perceber que podiam se juntar e copiaram o modelo, que passou a existir no mercado e no radar dos executivos.

Ainda no meu tempo de executiva, há mais de vinte anos, aprendi que deveríamos fazer a pergunta "quem é seu concorrente?" para avaliar os negócios e definir um plano estratégico. Eu me lembro de uma discussão sobre quem era a concorrente da Coca Cola. A resposta que parecia óbvia: a Pepsi. Mas não era. Naquele momento, alguém lembrou que começava um movimento ligado à alimentação saudável, e fez a ressalva: "Você já olhou o que concorre com os refrigerantes na mesa dos restaurantes?". Naquele momento, parecia distante. Era tendência, não era maioria. Mas o concorrente da Coca Cola também era a água mineral. Por trás da pergunta, estava o convite para ampliar a visão. Nas mesas dos restaurantes e bares, não há apenas refrigerantes (a pesquisa não envolvia bebidas alcoólicas). Durante muito tempo, Coca Cola e Pepsi rejeitavam a ideia de que empresas de bebidas de água e suco eram suas concorrentes, até a realidade mostrar fatos e dados e ambas começarem a comprar empresas de água e suco. Os refrigerantes foram perdendo margem no mercado, e ser uma companhia de diferentes bebidas, em vez de apenas refrigerantes, tornou-se muito mais vantajoso.

A importância dos respiros

É possível exercitar a visão. Claro que quem deseja se desenvolver precisa estar disposto a praticar, a ter curiosidade. Uma

VISÃO GLOBAL: A CAPACIDADE DE LEVANTAR O NARIZ

das possibilidades é aprender com o olhar dos outros, observar pessoas que têm ideias que nos surpreendem. Outra maneira é aumentar nossas referências por meio de leituras, cursos, conversas com pessoas que ainda não conhecemos. Fazer uma mentoria que amplie nossa visão ou aprender métodos que ensinem a pensar e a buscar soluções novas para problemas antigos também pode ser uma saída. Um exercício simples, que cada um pode fazer sozinho, é imaginar o futuro. As pessoas que hoje têm sessenta anos assistiam aos *Jetsons* na infância — um desenho animado da Hanna-Barbera que imaginava o futuro com carros voadores, robôs e a automatização de diversos afazeres domésticos. Muitas invenções que apareciam no desenho realmente se concretizaram, como as chamadas de vídeo, enquanto outras, como uma faxineira robô, ainda estão longe de se tornar realidade. Entre erros e acertos, era uma chance de viver — ou pelo menos pensar — como seria o dia a dia dali a alguns anos. O que somos capazes de sonhar hoje que poderá se tornar realidade nas próximas décadas? O que mudará nas empresas?

Ter visão também requer flexibilidade. Isto é, saber a hora de jogar fora conceitos que já não funcionam e começar de novo. Para isso, às vezes é preciso reduzir a quantidade de trabalho operacional e parar algumas horas na semana para pensar. Há algumas iniciativas pessoais pouco complexas, como substituir algumas peças do guarda-roupa, fazer um caminho diferente ao ir para os lugares que sempre frequentamos ou andar a pé em bairros que só conhecemos de carro, que contribuem para desenvolver a percepção.

Cientificamente, há evidências de que, para termos momentos "eureca", isto é, achar soluções criativas para resolver problemas difíceis, uma etapa importante é tomar certa distância do assunto. No livro *Eureka Factor*, os neurocientistas

John Kounios e Mark Beeman afirmam que insights acontecem geralmente após termos mergulhado em um problema, encontrado um impasse, desviado da questão, para enfim encontrar a saída. "Você não pode ver as estrelas quando o sol está brilhando", dizem. Assim, seria preciso privar os sentidos e reduzir as distrações para enxergar algumas respostas.

O cientista alemão Hermann von Helmholtz, inventor do oftalmoscópio (aparelho que permite ver o fundo do olho), fez um discurso na comemoração de seu aniversário de setenta anos que mais tarde inspirou estudos sobre essa fase de esvaziamento da mente para clarear a visão sobre o todo:

> Pela minha experiência, os "pensamentos felizes" nunca chegaram a um cérebro fatigado ou à escrivaninha. Sempre foi necessário, primeiro, virar o problema de cabeça para baixo e de todos os lados, de maneira a ter todos os seus ângulos e complexidades na minha cabeça, podendo passar por eles livremente sem escrever. [...] Levar o assunto a esse ponto geralmente é impossível sem um grande trabalho preliminar. Depois de passar a fatiga desse trabalho, precisa haver uma hora de completo frescor físico e bem-estar, antes de as boas ideias aparecerem. Com frequência, elas surgem de manhã quando acordo [...], mas elas gostam especialmente de aparecer enquanto eu caminho nas colinas nos dias de sol.[3]

Tenho exatamente essa impressão pela minha experiência. Nesses momentos de frescor, alguma ligação acontece em nossa cabeça e uma nova ideia surge. Muita gente diz que tem insights no banho. E isso faz sentido, pois estamos distraídos e relaxados. Os profissionais de comunicação, por exemplo, que precisam de uma criatividade afiada para trabalhar, vão muito para a rua, caminham, tomam um café, saem para ver gente.

VISÃO GLOBAL: A CAPACIDADE DE LEVANTAR O NARIZ

Assim como a disciplina deve ser praticada e cultivada, precisamos reservar momentos para distração e para ampliar o repertório. Para algumas pessoas, ficar focado em uma tarefa é um esforço, e o mais natural é olhar ao redor e expandir o repertório. Para outras, é o contrário, a disciplina e a rotina são mais confortáveis do que as novas experiências. É na capacidade de combinar execução com visão que se revelarão as possibilidades mais promissoras.

Comunicação, empatia, bom humor e energia

UM DIFERENCIAL COMUM AOS executivos bem-sucedidos é a facilidade e a capacidade de criar bons relacionamentos. Eles conseguem se conectar com as pessoas, não apenas para fazer networking, mas para estabelecer desde o primeiro contato um diálogo aberto e uma conexão genuína com o interlocutor. Sabem falar, ouvir e são na maioria das vezes carismáticos e respeitados. Essas características são fundamentais para quem deseja seguir na jornada rumo à carreira dos sonhos.

Uma das características importantes para que isso aconteça é o desenvolvimento da empatia. Na prática, esses executivos são capazes de olhar para o outro e em pouco tempo criar uma sintonia. A empatia só é possível se tentamos entender o que a pessoa à nossa frente está sentindo naquele momento ou se colocar em seu lugar, sem julgamentos. Quando há esse esforço, fica mais fácil entender as motivações do outro e a origem de suas dificuldades, além de criar um vínculo que favorece o diálogo e a sinceridade.

COMUNICAÇÃO, EMPATIA, BOM HUMOR E ENERGIA

Ao falar sobre diferentes tipos de liderança, Daniel Goleman ressalta a empatia, o relacionamento e a comunicação como três competências de inteligência emocional apresentadas por um tipo específico de líder. A esse grupo, ele dá o nome de líder afetivo. "O líder afetivo também dispõe de uma facilidade natural em desenvolver novos relacionamentos, travando conhecimento pessoal e cultivando um vínculo. Finalmente, o líder afetivo excepcional dominou a arte da comunicação interpessoal, particularmente em dizer exatamente a coisa certa ou em fazer o gesto simbólico apropriado no momento certo", escreve no livro *Liderança*. Segundo ele, essas competências são treináveis e podem ser desenvolvidas por quem não as apresenta com naturalidade.

Gisele Bündchen é, a meu ver, um exemplo de quem brilha pela capacidade dessa comunicação interpessoal citada por Goleman. Um perfil de sua carreira profissional publicado na revista *Época Negócios* relatou duas histórias que são exemplos do carisma de Gisele. Em um teste, no início de carreira, a modelo se destacou mais por sua personalidade comunicativa do que pela desenvoltura na passarela. Ela conta que a primeira concorrente vestiu as peças de roupas e desfilou de maneira tradicional. Já Gisele movimentou-se de forma despojada e tagarelando: "Gente, eu adorei essa calça! Vocês não sabem como é difícil encontrar alguma para o tamanho das minhas pernas!". Ela, claro, foi a escolhida.[1]

Mais tarde, em 2001, enquanto fazia as unhas e arrumava o cabelo para uma sessão de fotos da C&A, perguntaram-lhe como havia sido o início de sua carreira. Ela respondeu que "chegava à agência sempre com umas blusinhas novas e todo mundo queria saber onde eu tinha comprado. Eu dizia: na C&A!". Aquilo mudou toda a ideia central da campanha — que era comparar a vida de jogadores de futebol à de modelos —, que se transformou apenas em depoimentos de Gisele sobre a marca.

Entre as pessoas que entrevistei, outros três personagens chamaram a minha atenção por sua capacidade de empatia e comunicação. Lygia da Veiga Pereira possui uma capacidade de estruturar o pensamento e de conversar que foge ao padrão de quem tem um currículo acadêmico e uma carreira no laboratório. Lygia ganhou repercussão na imprensa por conseguir traduzir questões da genética e da biologia para leigos. Em sua família, ninguém entendia de ciência. Para explicar o que fazia, especialmente para sua mãe, exercitava colocar no papel formas simples de ilustrar sua pesquisa. Era uma forma de praticar sua escrita, algo de que sempre gostou de fazer.

Na época da ovelha Dolly (o primeiro mamífero a ser clonado com sucesso a partir de uma célula adulta) e da novela *O clone*, da Rede Globo, um público mais amplo passou a se interessar por ciência. Foi participando dessa discussão que Lygia publicou seu primeiro artigo em um jornal. Publicado pela *Folha de S. Paulo*, o texto questionava a clonagem de seres humanos.[2] Depois, foi convidada para participar de outros programas de TV, como o *Roda Viva*, da TV Cultura, e o *Barraco MTV*, para um público bem mais jovem. Voltou a ser procurada pela imprensa na época do anúncio do sequenciamento do genoma humano, que envolveu profissionais de diversos países.

Acredito que, com seu perfil, ela poderia ter sucesso em qualquer área, pois é capaz de unir o lado humano e o analítico, que nem sempre aparecem com tanta força na mesma pessoa. Percebi que, quando a entrevistei em sua sala na USP, se não soubesse sua formação nem o histórico de sua carreira profissional, poderia enumerar outras dez alternativas que combinariam com ela que não fosse pesquisadora/cientista.

COMUNICAÇÃO, EMPATIA, BOM HUMOR E ENERGIA

Afinal, suas características fogem completamente do estereótipo fechado, compenetrado, com uma linguagem rebuscada, que nós leigos não entendemos. Quem também possui o poder de envolver o outro é Inês Bogéa, a bailarina, cuja história contei no início do livro. Não à toa, após sua aposentadoria dos palcos, foi capaz de transitar em áreas e cargos nos quais sua técnica não faria diferença, mas, sim, o olhar, a relação com as pessoas e a capacidade de inovação. Passou por áreas distintas até chegar à posição atual de diretora de uma companhia de dança. Rodrigo Galindo, da Kroton, também possui na comunicação um de seus diferenciais. Um aspecto de sua capacidade de criar empatia está na simplicidade. Apesar de ser um líder assertivo e tomador de decisões, sabe compartilhar *ideias* e dizer "não sei" quando não tem a resposta, o que o torna extremamente humano.

Comunicar-se bem é uma das principais características que leva ao sucesso no longo prazo, em diferentes áreas. Isso vale até para jogadores de futebol, em que a força física, a habilidade para o drible e a precisão do chute podem não ser suficientes para um ótimo atleta se transformar em uma estrela. Um caso clássico é o de Rivaldo. Em 1999, foi eleito o melhor jogador do mundo, à frente do inglês David Beckham. Na Copa de 2002, também venceu o inglês no confronto direto, quando o Brasil eliminou a Inglaterra nas quartas de final. Rivaldo marcou um dos gols da vitória e foi o protagonista da competição, enquanto Beckham pouco apareceu dentro das quatro linhas.

No entanto, por sua timidez e falta de desenvoltura para falar em público, Rivaldo não conseguiu brilhar fora do campo, como o jogador britânico — em 2008, Beckham foi considerado pela *Forbes* a quinta personalidade mais influente do mundo, mesmo sem nunca ter sido eleito o melhor jogador do planeta como o brasileiro. É claro que a beleza o pode ter favorecido, mas não foi só isso. No dia da sua despedida dos gramados, o jornalista esportivo Phil McNulty, da BBC, escreveu: "Ele (Beckham) era incrivelmente cortês, educado e profissional no seu relacionamento com a imprensa e também o perfeito porta-voz da Federação de Futebol da Inglaterra e, por que não dizer, do país".[3] Não por acaso, foi durante anos o jogador mais rico do mundo, superando de longe craques mais talentosos que ele com a bola nos pés.

Bom humor é essencial

Manter relacionamentos e criar ambientes em que as pessoas se sintam bem requer certa dose de bom humor. Acredito que uma medida útil para saber se alguém possui esse predicado é sentir a atmosfera quando a pessoa chega. Se ela deixa o ambiente leve, sem uma pressão invisível, é bom sinal.

Não me refiro apenas àqueles que fazem graça o tempo todo, que dão risada em todas as conversas ou que tentam ser os animadores do escritório. O bom humor está também na capacidade de encarar os desafios com mais suavidade e de brincar com o próprio ego, sem encarar tudo e todos com uma seriedade que só se presta a erguer barreiras nos relacionamentos, ou nas sacadas perspicazes que, sem ofender ninguém nem causar constrangimento, criam um clima descontraído.

Pessoas com bom humor também costumam ter mais facilidade para celebrar. Quando concluem um projeto exitoso, não pensam apenas no problema seguinte, mas respiram e comemoram para manter o astral em alta antes de seguir em frente.

Os pesquisadores Alison Brooks, da Harvard Business School, Maurice Schweiter e Brad Bitterly, da Wharton School,

COMUNICAÇÃO, EMPATIA, BOM HUMOR E ENERGIA

fizeram um estudo sobre o impacto do humor no ambiente de trabalho. Eles descobriram que as pessoas que fazem brincadeiras adequadas ao seu contexto profissional podem criar uma aura de confiança e competência.[4] Em entrevista à *Harvard Gazette*, os autores afirmaram que os profissionais deveriam usar o humor de maneira deliberada e estratégica, inclusive considerá-lo uma dimensão ao contratar e treinar pessoas.[5]

O assunto é tão relevante que ganhou um curso exclusivo na Universidade Stanford, Humor: Serious Business [Humor: negócio sério], um programa oferecido aos alunos pelas professoras Jennifer Aaker e Naomi Bagdonas. Segundo elas, as pessoas perdem o senso de humor quando entram no mercado de trabalho, tanto em termos de frequência de risadas quanto na autopercepção do quanto são divertidas. É uma tendência que deveria ser revertida, já que o humor é uma ótima ferramenta para reter profissionais, encontrar soluções inovadoras e construir times mais resilientes ao estresse.

Andrew Tarvin, engenheiro norte-americano, teve um insight sobre a importância do humor na época em que trabalhava como gerente de projetos na Procter & Gamble em Nova York. Em um TED, ele conta que sempre procurou tornar o ambiente de trabalho mais agradável. Brincava, por exemplo, com os testes de personalidade e pedia a todo novo membro da equipe para fazer a prova "qual personagem de *Star Wars* você é?". Quando uma de suas colegas lhe agradeceu porque, ao entrar em seu time, havia desistido de pedir demissão e estava se divertindo mais no trabalho, ele percebeu que estava contaminando positivamente as pessoas a sua volta. Assim, foi Tarvin quem decidiu pedir demissão e fundar a Humor That Works, uma empresa de consultoria e treinamento para reproduzir sua experiência em outros ambientes de trabalho. Segundo ele, o humor pode ajudar a construir uma relação de

155

confiança, melhorar a coesão dos grupos, aumentar a compreensão de mensagens e auxiliar no aprendizado.

No entanto, nem todos possuem essa característica dentro de si. Eu mesma sempre tive certa dificuldade em ser leve. Entendo que o bom humor não é uma das minhas marcas pessoais, mas tenho consciência de sua importância, principalmente quando tenho uma equipe. Por isso, procuro me observar e desenvolver essa característica. Uma das maneiras que encontrei para criar momentos de descontração na minha vida profissional foi apostar no afeto. Tento criar rituais, trazendo chocolate das viagens, dando presente no Natal, nos aniversários, nas formaturas e no nascimento dos filhos das pessoas que me cercam. Ou faço celebrações aleatórias, como lembrar do início do verão com uma tarde com sorvete ou levar um pão especial toda sexta-feira.

Energia vital

Para realizar qualquer projeto importante, reunir um time e superar uma adversidade que o leve mais longe na carreira é preciso energia. Ela é essencial para quem ocupa ou queira ocupar um cargo de liderança. Um líder precisa contagiar positivamente as pessoas e ter influência sobre elas.

Um alto nível de energia não tem a ver com extroversão ou animação. Está, na verdade, relacionado à capacidade de causar impacto. Se você tem uma boa ideia a ser compartilhada e a comunica com clareza, é possível impressionar uma plateia mesmo falando baixinho. Pessoas introvertidas e quietas podem ser excelentes em construir relacionamentos, estabelecer diálogos e liderar. Ter disponibilidade para ouvir, por exemplo, é fundamental para um bom comunicador.

COMUNICAÇÃO, EMPATIA, BOM HUMOR E ENERGIA

Segundo Susan Cain, autora do livro *O poder dos quietos*, sendo ela mesma uma introvertida declarada, explica que o espectro da introversão/extroversão tem a ver com a maneira como respondemos a estímulos sociais. Introvertidos são mais sensíveis a esses estímulos, preferindo ambientes mais quietos, enquanto extrovertidos são energizados por eles. Ela também faz uma distinção: timidez é o medo do julgamento social, enquanto introversão é a opção por menos estímulos. Claro, a mesma pessoa pode ser tímida e introvertida, mas não necessariamente. Mesmo que a sociedade ocidental acabe favorecendo os extrovertidos, não significa que eles possuam mais valor. Adam Grant, que, como já comentei, é um dos autores e pesquisadores que mais admiro, descobriu em suas pesquisas que, apesar de o pensamento dominante ser o de que os melhores líderes são extrovertidos, os introvertidos podem, dependendo da situação, se destacar.

Líderes extrovertidos têm qualidades importantes. No entanto, também tendem a ser o centro das atenções e dominar discussões. Em um ambiente dinâmico e imprevisível, introvertidos costumam ser líderes mais eficazes — particularmente quando os profissionais são proativos, oferecendo ideias para melhorar o negócio. Esse tipo de comportamento pode fazer líderes extrovertidos sentirem-se ameaçados. Introvertidos, ao contrário, tendem a ouvir mais atentamente e ser mais receptivos a sugestões

escreveu ele em um artigo da *Harvard Business Review* assinado também por seus colegas Francesca Gino, italiana e professora em Harvard, e David Hofmann, norte-americano e professor da Universidade da Carolina do Norte em Chapel Hill.[6] Bill Gates, também introvertido, já deu sua opinião sobre o assunto: "Acho que introvertidos podem se dar muito bem

O QUE FAZ A DIFERENÇA

(na carreira). Se você for esperto, pode aprender os benefícios de ser um introvertido, como ter mais facilidade de se desligar por alguns dias e pensar sobre um problema complexo, ler tudo o que puder e se esforçar bastante para pensar os limites daquela área".[7]

Cain recomenda que os extrovertidos exercitem o hábito de ficar quietos. Ela usa com frequência o exemplo de Gandhi.

Quando era uma criança, ele costumava correr da escola para casa assim que o sinal soava porque não queria socializar com seus colegas de classe. Mesmo quando adulto, não gostava de se reunir em grupos com muitas pessoas. Ele na verdade não estava buscando a liderança, mas sim estava comprometido com uma causa que mobilizava milhões de pessoas. É comum encontrar líderes que são introvertidos e que não chegaram lá pelo desejo de ser líder, apenas porque tinham paixão por algo. A serviço dessa paixão, terminam por adquirir experiência e construir redes, e esse é um caminho autêntico para a liderança

afirmou em uma entrevista à Sheryl Sandberg, COO do Facebook.[8]

Dan Ioschpe assumiu a posição do pai na Iochpe-Maxion, fabricante de peças automotivas e equipamentos ferroviários, quando a empresa passava por um momento de transição. Um dos motivos de ser escolhido para o cargo foi, além da carreira que estava construindo, o fato de ter um bom relacionamento com os familiares, credores, colaboradores e demais acionistas. Dava-se bem com todo mundo. Seu jeito apaziguador o transformou em um mediador e o ajudou a equalizar os dilemas da transição da empresa.

Dan sempre foi muito curioso, crítico, analítico e demonstrou possuir grande capacidade de observação, além de fazer

158

COMUNICAÇÃO, EMPATIA, BOM HUMOR E ENERGIA

contribuições silenciosas e não fazer questão de ter a autoria das iniciativas. Carrega o que costumo chamar de ego saudável, que são aqueles que não têm necessidade de ganhar uma discussão apenas para sair por cima. Com um estilo fácil de liderança, mais influenciador do que autoritário, na maior parte das vezes gerava a empatia dos colegas. À frente da companhia, estendeu seu lado comunicativo e sua habilidade de criar vínculos com outros colaboradores. Competente na leitura da dinâmica interna da empresa, Dan enxergou o lado humano em um ambiente industrial. Quando soube que tudo estava bem, fez sua sucessão, passou a atuar em conselhos de empresas e a dedicar mais tempo a outras atividades que proporcionavam desenvolvimento e satisfação pessoal.

Resiliência

PHIL KNIGHT ERA UM BOM CORREDOR e fazia parte do time de corrida da Universidade de Oregon. No entanto, seu treinador, Bill Bowerman, creditava boa parte do seu desempenho e dos demais atletas à qualidade dos tênis que usavam. Influenciado por essa percepção, Knight fez, durante o MBA em Stanford, um trabalho sobre as oportunidades de mercado na produção de tênis mais baratos. Na época, no mundo dos calçados esportivos, as marcas alemãs Adidas e Puma dominavam o setor. Para concorrer com essas gigantes, o estudante fez o seguinte raciocínio: as câmeras fotográficas japonesas já haviam triunfado em um mercado dominado pelos alemães, então talvez também fosse possível produzir calçados com mais qualidade e custos mais baixos no Japão.

Para confirmar sua suposição, Knight viajou até o Japão. Conseguiu marcar um encontro com executivos da Onitsuka, empresa conhecida pelos tênis Tiger. Queria convencê-los de que poderia ser um representante oficial da marca nos Estados

RESILIÊNCIA

Unidos. Garantiu-lhe que tinha uma empresa — apesar de não ter — e ofereceu-se para vender os tênis Tiger. Seu argumento era de que, como o mercado era enorme e inexplorado, se a marca se posicionasse com um preço menor que o da Adidas, o esforço poderia ser muito lucrativo.

Com cinquenta dólares emprestados pelo pai, financiou o envio das primeiras amostras. Viajou pela Ásia e pela Europa antes de voltar para casa e, mesmo depois de tantos meses fora, chegou antes dos primeiros pares enviados do Japão. Esses só foram entregues perto do Natal de 1964. Com o material em mãos, fundou a Blue Ribbon Sports e convenceu seu antigo técnico Bowerman a se tornar seu sócio. Cada um investiu quinhentos dólares na importação inicial. Sua loja era seu carro, com o qual visitou várias cidades dos estados de Oregon e Washington para apresentar os tênis a treinadores, corredores e admiradores do esporte. O produto conquistou seus primeiros clientes, e os pedidos para o Japão aumentaram.

Durante os primeiros anos da Blue Ribbon, que não dava lucro suficiente, Knight ainda era contador em tempo integral. Na primeira década, a empresa praticamente só se dedicou a expandir a distribuição do Tiger nos Estados Unidos. O empresário então se deu conta de que corria o risco de seu parceiro negociar com outros distribuidores, e decidiu produzir os próprios tênis. Ao saber disso, a Onitsuka encerrou o contrato.

Bowerman trabalhava em soluções criativas para produzir tênis cada vez melhores, como, por exemplo, derreter borracha em uma máquina de waffle para inventar um novo tipo de sola. Estava envolvido na constante tentativa de descobrir maneiras de melhorar ou inovar os calçados. Enquanto isso, Knight se aproveitou do argumento de reerguer a empresa com uma marca própria para motivar os pouco mais de trinta funcionários, transformando uma situação dramática em

161

possibilidade de recomeço. E que recomeço! Em 1971, a Blue Ribbon transformou-se em Nike. Knight, seu fundador, é hoje uma das cem pessoas mais ricas do mundo.

No entanto, sua caminhada não foi fácil. A empresa sofreu reveses financeiros nos anos 1970, passou dois semestres no vermelho em 1985 e patinou durante mais algum tempo. A também norte-americana Reebok dominava o mercado aeróbico, enquanto a Nike não tinha acertado a mão em sua linha de tênis casual e não estava conseguindo se adaptar ao crescimento. A empresa se manteve focada em pesquisa e desenvolvimento e em produto de melhor qualidade, mas perdeu espaço no momento em que design e estética se tornaram relevantes. Tiveram que reavaliar seus processos, deixando de se preocupar apenas com o produto e voltando o foco para o consumidor e a marca. Em pouco tempo se tornou a líder de calçados esportivos do mundo e ampliou seu negócio para roupas e acessórios para se tornar a gigante que conhecemos hoje.

A história da Nike mostra que a trajetória de uma empresa ou indivíduo não é feita apenas de sucesso. Para criar uma das marcas mais valiosas do mundo, não bastou uma boa ideia ou um golpe de sorte. Foram necessárias reinvenções para manter o negócio e construir um produto vencedor, além de se equilibrar durante anos na corda bamba financeira.

Em seu blog, Bill Gates escreveu uma resenha sobre a autobiografia *A marca da vitória*, de Phil Knight, afirmando que o livro era um "honesto lembrete do que é o caminho para o sucesso nos negócios".[1] "É uma jornada bagunçada, perigosa e caótica, permeada por erros, lutas sem fim e sacrifício. A única coisa que parece inevitável, página após página na história de Knight, é que sua empresa vai acabar falindo."

Em uma entrevista, Knight afirmou saber que podia falhar, mas o seu otimismo o levou a persistir.[2] Ele amava o que fazia e acreditava que podia dar certo. Em seu livro, o empreendedor conta que não se achava um bom vendedor até vender tênis. Já tinha comercializado enciclopédias e fundos de investimentos, sem grande sucesso. A diferença entre esses dois produtos e os tênis para ele era que acreditava que, se as pessoas corressem um pouco por dia, o mundo seria um lugar melhor. Ele via propósito no seu negócio, então sua confiança no produto se tornava irresistível aos compradores.

No início de sua autobiografia, ele conta que, em uma manhã de 1962, quando teve seu primeiro impulso de tirar sua "ideia louca" do papel, falou para si mesmo: "Deixe todo mundo chamar sua ideia de louca, apenas continue. Não pare. Nem pense em parar até chegar lá, e não pense muito sobre o que é 'lá'". Nas últimas páginas, ele retoma essa ideia, comparando-a com a insistência de algumas pessoas que dizem aos empreendedores para nunca desistirem. "Às vezes você precisa desistir. Às vezes, saber quando desistir, quando tentar outra coisa, é genial. Desistir não significa parar."

A resiliência, para mim, é isso: acreditar e aguentar. Algumas pessoas acreditam no que fazem e são capazes de suportar o insucesso ou um revés pontual, mesmo que eles as obriguem a caminhar em outra direção. Possuir essa característica, durante a jornada para encontrar o melhor caminho de realização profissional, é fundamental. Claro que é preciso saber até onde ir e pedir ajuda para mudar a situação quando necessário.

A resiliência pode ser construída?

Se considerado ao pé da letra, o significado de resiliência é justamente a capacidade de retornar ao nível anterior de funcionamento. A palavra, aliás, tem sua origem na física e refere-se à

O QUE FAZ A DIFERENÇA

capacidade de um material voltar ao seu estado normal depois de ter sido tensionado. "A espécie humana evoluiu ao longo de milênios de traumas, e a reação normal à alta adversidade é, de longe, a resiliência — um período relativamente breve de depressão com ansiedade, seguido de um retorno ao nível anterior de funcionamento", explica o psicólogo Martin E. P. Seligman no livro *Florescer*. Portanto, situações negativas podem resultar em depressão, mas muitas pessoas conseguem retornar ao estado em que se encontravam antes de ficarem abatidas.

Acredito que as pessoas que dão duro diante das dificuldades e desenvolvem a resiliência tendem a ir mais longe. A probabilidade de trilharem um caminho de realizações, mais próximo de seus desejos e valores, é maior do que a de pessoas que conseguiram muito com pouco esforço durante a vida. Isso não está apenas relacionado à ideia de que o esforço e a dedicação levam à excelência, mas também à de que só aprendendo a lidar com fracassos é que podemos ter grandes conquistas. Afinal, as pedras no caminho aparecerão para todo mundo. "A melhor palavra é persistência. Porque vai dar muita coisa errada. Com certeza, ao longo do caminho haverá muitos momentos em que a pessoa vai querer desistir", me confidenciou o executivo Alex Behring.

O psicólogo Mihaly Csikszentmihalyi afirma que todos nós conhecemos indivíduos capazes de transformar situações sem esperança em desafios a serem vencidos, pela força de sua personalidade. "Essa habilidade de perseverar apesar dos obstáculos e dos reveses é uma das qualidades que as pessoas mais admiram nas outras, e é justo que seja assim; é provavelmente a característica mais importante não apenas para ter sucesso na vida, mas para aproveitá-la", explica.

Diante disso, as questões que vêm à cabeça são: como encarar as perdas, os traumas, as dificuldades e as más notícias sem ser arrasado por elas? A resiliência e a perseverança são

RESILIÊNCIA

características que podem ser construídas? Há pesquisadores conhecidos que, ao estudar quem seguiu em frente apesar dos problemas, identificaram atributos comuns a essas pessoas que poderiam ser ensinados a quem passa por momentos difíceis. O próprio Seligman descobriu, trabalhando em diferentes pesquisas com diversos colegas, que as pessoas que não desistem têm o hábito de interpretar adversidades como temporárias (vai passar), locais (é só nessa situação) e modificáveis (posso fazer algo sobre isso). Para ele, as conclusões sugeriram que seria possível imunizar pessoas contra a impotência, a depressão e a ansiedade, ensinando-as a ser otimistas e resilientes.

Um material desenvolvido pelo Centro de Desenvolvimento da Criança da Universidade Harvard reuniu algumas descobertas sobre a resiliência, encontradas após diferentes estudos sobre o tema.[3] A resiliência é definida como "uma resposta positiva e adaptativa em face a uma adversidade considerável". Portanto, ela não é uma característica imutável nem um recurso esgotável. Pode ser construída em qualquer idade. É ainda específica para cada situação: uma criança que lida bem com o *bullying* na escola pode ter dificuldade de se recuperar das brigas dos pais, por exemplo.

No caso de resiliência em crianças, o que vários estudos confirmam é a importância de uma relação estável, amorosa e de apoio — seja com os pais, um cuidador, professores, vizinhos e treinadores. Se tiverem o apoio dos adultos, situações de estresse — como serem excluídas de um grupo, irem mal em uma prova ou esquecerem sua fala no teatro — podem contribuir para o seu amadurecimento.

Ajudar as crianças a criar um senso de controle sobre as circunstâncias da vida é outro recurso que pode auxiliá-las na construção da resiliência. Aquelas que acreditam na própria capacidade para superar problemas e decidir seus destinos se

O QUE FAZ A DIFERENÇA

adaptam melhor em contextos de dificuldades e desafios. Desenvolver o autocontrole e ser capaz de gerenciar comportamentos e emoções também contribuem para a autoconfiança.

Além disso, o artigo de Harvard considera a resiliência do ponto de vista biológico, afinal, quase tudo na nossa vida é resultado da genética e do ambiente em que estamos inseridos. Pesquisas já mostraram que algumas variações genéticas resultam na produção de proteínas no cérebro que controlam a resposta ao estresse crônico, podendo tanto exagerar ou diminuir os efeitos negativos da adversidade.

Essa predisposição genética talvez seja a explicação de como algumas crianças constroem a resiliência mesmo vivendo em famílias disfuncionais — e esse tipo de família existe em qualquer classe social. Elas são provas vivas de que problemas sérios dentro de casa não determinam que alguém vai fracassar. Algumas pessoas conseguem construir uma blindagem, contar com um apoio externo e não se corroer pelo ambiente doentio onde estão inseridas.

O psicólogo Norman Garmezy, professor da Universidade de Minnesota por quase trinta anos, foi um dos pioneiros no estudo da resiliência. Em uma entrevista de 1999, Garmezy compartilhou uma das histórias que mais o impressionaram durante a pesquisa nas escolas: a de um garoto de nove anos que tinha mãe alcoólatra e era órfão de pai.[4] Ele nunca tinha muita coisa para comer em casa. O "sanduíche" que levava para a aula era basicamente pão com pão, e nada no meio. Mesmo assim, fazia questão de levar seu lanche para que ninguém sentisse dó dele ou soubesse sobre sua mãe. "Havia literatura sobre crianças que sofreram acidentes ou queimaduras. Havia histórias de guerra de crianças com capacidade de adaptação após ficarem na mira de armas. Decidimos focar nas crianças que, apesar do histórico de escassez, demonstravam competências", diz o pesquisador.

RESILIÊNCIA

Muitas crianças e adolescentes que vêm de lares pobres e disfuncionais acabam se refugiando na prática esportiva, na qual encontram um ambiente propício para se tornarem resilientes. Além de desenvolver disciplina, o esporte também desenvolve habilidades para lidar com situações estressantes. "Atletas que tiveram uma carreira esportiva longa são histórias de resiliência. Eles perderam campeonatos, erraram a última jogada, não conseguiram vaga olímpica, tiveram problemas graves na família. Mesmo assim, continuaram treinando. Os que chegam lá em cima são os que têm histórias resilientes, passaram por situações muito difíceis e conseguiram se superar", afirma Maria Regina Brandão, psicóloga esportiva.

Atualmente a psicologia do esporte estuda o conceito de *mental toughness*, ou força mental. É uma gama de habilidades relacionadas a um desempenho excelente e que faz o atleta repetir o mesmo treino centenas de vezes por muitos anos, lidando com o estresse, as competições, o sucesso e o fracasso. "Se você olha os grandes empresários bem-sucedidos, eles também têm essa força mental", diz. A pesquisa dela e de seus colegas é justamente entender o quanto o *mental toughness* pode ser desenvolvido ou se faz parte dos traços da personalidade. "Se é desenvolvido, nós podemos precocemente começar a trabalhar para que o nosso atleta jovem adquira essas habilidades."

Paulo Sabbag, professor e doutor em administração pela Fundação Getulio Vargas, é um dos pesquisadores brasileiros que defendem a possibilidade da construção da resiliência. "É o conjunto dos traços de personalidade e das características de enfrentamento que formam a resiliência do indivíduo, enquanto modo de encarar a vida e aptidão para enfrentar situações de estresse", afirma em seu livro *Resiliência*, que ficou no pódio do prêmio Jabuti em 2013. "Resiliência é uma aptidão que pode ser compreendida, praticada e, portanto, de-

O QUE FAZ A DIFERENÇA

senvolvida. Ela agrega estratégias que podem ser aprendidas, dado o seu conteúdo cognitivo, e podem ser reforçadas, dado o conteúdo emocional envolvido."

Ao estudar o tema, Sabbag criou uma nova escala para mensuração, identificando nove fatores associados à resiliência em adultos. São eles:

Autoeficácia e autoconfiança: autoeficácia é a crença na própria capacidade de organizar e executar ações para produzir resultados desejados; enquanto autoconfiança é ter um senso de valor atribuído a si mesmo.

Otimismo aprendido: trata-se de encarar o mundo de forma positiva, considerando as dificuldades como temporárias, e conseguir contrapor emoções positivas às negativas em momentos difíceis.

Temperança: pode ser definida como a capacidade de regular as emoções em situações muito difíceis, mantendo a serenidade.

Empatia: como já foi dito, é a capacidade de colocar-se no lugar do outro.

Competência social: é conseguir articular apoio de outras pessoas nas situações adversas.

Proatividade: habilidade que envolve iniciativas, mesmo em situações de risco e incerteza.

Flexibilidade mental: é ter maior tolerância a ambiguidades. Os flexíveis persistem, tentam novas táticas de forma pragmática e criativa.

Solução de problemas: é a capacidade de diagnosticar problemas, planejar soluções e agir.

Tenacidade: pode ser compreendida como resistência física e mental em situações muito demandantes.

Sabbag reuniu estratégias de como desenvolver cada um desses aspectos. No caso da competência social, por exemplo, uma dica é fazer uma lista de indivíduos que você gostaria de procurar caso precise de ajuda e pensar no que eles dispõem para fornecer ajuda efetiva. Na hora da necessidade, é preciso vencer a relutância e procurar um desses interlocutores.

Em uma entrevista, ele comentou sobre a relação entre religião e a construção da resiliência. As práticas de muitas religiões coincidem com hábitos positivos. "Quem perdoa não precisa mais cultivar ressentimento, ter raiva, fingir que ignora a pessoa com quem está ressentido, por isso aumenta a resiliência", explica.

Essa conexão com religiosidade ou espiritualidade chamou a minha atenção em um evento realizado pela Endeavor em 2017. Da plateia, assisti aos convidados do Day One contarem suas histórias de empreendedorismo. Todos foram, em algum momento, resilientes ou saíram de uma situação difícil melhor do que entraram — uma narrativa recorrente nas histórias de empreendedorismo.

O que me impressionou nessa edição específica é que todos também mencionaram sentir haver algo maior. Foi a primeira vez que identifiquei essa narrativa de uma "força superior" em cada um dos palestrantes. Eles agradeciam a Deus ou mencionavam algum momento em que confiaram em um poder externo, acreditando que alguma porta se abriria após um período de crise. Isso aconteceu sem que tivesse havido contaminação de discursos, pois estava presente na vida e na realidade de cada um. Nada impede que a nossa resiliência também tenha origem na crença de que, em nosso caminho rumo ao sucesso, somos ajudados por mais do que podemos ver.

A sorte e as oportunidades

TUDO O QUE PODEMOS FAZER para nos realizar e ser bem-sucedidos é o que está ao nosso alcance, ainda que um esforço a mais possa nos levar a superar os próprios limites. No entanto, muitas vezes, também é preciso estar no lugar certo e na hora certa para que nossa carreira decole. É onde entra o fator sorte. Claro que precisamos de preparação, iniciativa, experiência e todas as qualidades sobre as quais discorremos nos capítulos anteriores, mas não podemos subestimar o acaso e o privilégio de nascer em um ambiente que propicie mais oportunidades.

No livro *Fora de série*, Malcolm Gladwell defende que ninguém "se faz sozinho". Ele reflete sobre a importância de analisar trajetórias de sucesso também sob a óptica da cultura, da sociedade em que nasceram e do seu círculo social e familiar. Sua mensagem é que as pessoas fora de série beneficiaram-se de oportunidades únicas e vantagens nem sempre explícitas.

Qualquer debate sobre oportunidades trará inevitavelmente à tona a questão de como determinados grupos têm muito menos acesso a elas. Uma família equilibrada, um ensino fundamental de qualidade, amigos com pais influentes, um bairro seguro, um curso de inglês, uma boa universidade e uma experiência no exterior nem sempre estão ao alcance de todos, então o ponto de partida do caminho para o sucesso nem sempre é igual ou equivalente.

Concordo parcialmente com esse argumento. O mundo é seletivo, mas há muitas histórias improváveis. As oportunidades não existem apenas para quem cresce em um ambiente modelo. Há outros elementos em jogo que nos dão a possibilidade de superar as circunstâncias. Alguns acreditam que não há nada além do próprio esforço e capacidade, outros passam a vida culpando o sistema e a falta de oportunidades. Tendo a considerar que a resposta está no meio-termo e que uma trajetória ascendente nunca será resultado de apenas um fator, mas da junção de vários fatores.

Uma das histórias que mais se conectou a essa reflexão sobre o acaso foi a do consultor Victor Baez. Ouvi falar dele pela primeira vez quando fomos mencionados em um artigo da revista *Exame* e nossas fotografias foram publicadas lado a lado. Procurei saber mais sobre ele e descobri que servíamos o mesmo cliente, a GP Investments. Depois o encontrei pessoalmente em algumas ocasiões e o convidei para dar uma entrevista para este livro, quando tive a oportunidade de ouvir toda a sua história.

Victor nasceu em Mendoza, na Argentina, no início dos anos 1950. Seu pai era um empreendedor agropecuário e arrendava fazendas. Portanto, apesar de morar na cidade grande, Victor foi criado perto do campo e costumava passar férias nas montanhas. Sua proximidade com as atividades agrícolas o levou a estudar agronomia e enologia (ciência que se ocupa do vinho, um dos principais atrativos de Mendoza).

Durante a faculdade, trabalhou como enólogo em uma vinícola estatal. Por ter uma atividade política intensa — era presidente do diretório acadêmico da faculdade e delegado sindical na vinícola —, tornou-se rapidamente alvo da ditadura militar que se instalou no país em 1976. Ele foi preso, ficou em um campo de concentração por seis meses e, logo que saiu, respondeu a uma vaga de emprego em um anúncio de jornal. Era para uma companhia Argentina que estava de mudança para o Brasil e precisava de alguém que conhecesse a indústria de alimentos. Dez dias depois, estava no novo país, passando o Natal sozinho em São Paulo. Victor poderia ter sido um enólogo em ascensão na Argentina, mas o contexto político mudou seus planos.

Por onze anos, ele trabalhou na área industrial como gerente e diretor de empresas. Apesar dos bons cargos, trabalhava só para sobreviver. Detestava o que fazia, mas não sabia fazer outra coisa. Foi quando respondeu a um anúncio de jornal, que novamente mudou o rumo de sua vida. A empresa Coopers & Lybrand (antigo nome da PwC) procurava um gerente de manufatura. Ele se inscreveu, passou por todo um processo de entrevistas e, na última entrevista, foi recebido com um "bem-vindo à gerência de consultoria de manufatura". Ele só notou a confusão nesta hora: como assim, consultoria? Tentou explicar para sua entrevistadora que tinha se inscrito para outra posição, que ele era gerente de fábrica, e não de consultoria. Ela procurou o anúncio e percebeu onde estava o erro. O nome deveria ter sido "gerente de consultoria de manufatura", mas a palavra não coube no pequeno espaço do jornal. "Essas são as coisas absolutamente impossíveis da vida", confessou Victor durante nossa entrevista. Esse pequeno golpe de sorte abriu uma porta que transformou sua vida profissional.

A SORTE E AS OPORTUNIDADES

Àquela altura, Victor já estava aprovado e sentiu que precisava mudar de ares. Aceitou ganhar bem menos do que em uma fábrica que lhe havia oferecido emprego, e foi na área de consultoria que redescobriu o prazer pelo trabalho. Depois de quase uma década apenas obedecendo a ordens, sentiu que, como consultor, finalmente estava conseguindo sugerir e introduzir mudanças nas empresas. Mais ou menos na mesma época, começou a desenvolver seu lado espiritual e introduzir a meditação em sua vida.

O renovado amor pela profissão e o contato maior consigo mesmo o levaram a concluir que seria possível melhorar o mundo ao aprimorar as empresas onde trabalhava. "Se eu consigo mudar a cabeça de um empresário, o conjunto de pessoas que estão ali também pode ser beneficiado", diz. Em um projeto na empresa de laticínios Mococa, conheceu Claudio Galeazzi, de quem se tornou sócio e com quem considera ter aprendido muito. Em 2001, fundou a própria consultoria, a Heartman House. O nome não é por acaso: a "casa do homem com coração" tem como princípio fazer as coisas com paixão.

O que os bem-sucedidos têm a dizer

Reconheço que em minha própria empresa tive uma ajuda das circunstâncias. Na primeira vez como dona de um negócio, um dos meus primeiros clientes foi a GP Investments e os sócios do Banco Garantia, que se tornaram referência nacional por sua trajetória e por seu sistema de gestão. Naquela época, esse contrato atraiu muitos outros clientes, que queriam trabalhar com a mesma pessoa que prestava serviços para o Garantia. Assim como nos shopping centers existe uma loja âncora, que atrai a maior parte dos clientes, a GP tornou-se um diferencial

173

importante para mim. Ou seja, tive a sorte de ter um bom cliente, reconhecido pelo mercado, que certamente ajudou a alavancar minha carreira.

Jorge Paulo Lemann e Marcel Telles, ex-sócios do Garantia e hoje donos do fundo 3G Capital, também já usaram a palavra sorte para explicar alguns de seus sucessos. "Sou melhor sonhador do que executor. Tive a sorte nas nossas sociedades de ter encontrado Marcel e Beto [Sicupira], que são melhores executores do que eu", afirmou Lemann em um encontro da Fundação Estudar.[1]

Durante um evento da consultoria Falconi, Telles também disse ter tido sorte por conhecer Lemann e Sicupira. Ele usou novamente a palavra ao falar da Brahma, onde teve a sorte de viver um Brasil "mais lento" e ter quase dez anos para formar pessoas e criar uma cultura da empresa, cultivada até hoje no grupo que se transformou na maior companhia de cerveja do mundo.

Jim Collins, guru da gestão e autor de *Empresas feitas para vencer*, afirmou, durante uma palestra a brasileiros na HSM Expo Management de 2014, que a maioria das pessoas teve um golpe de sorte. Segundo ele, quanto mais bem-sucedido um profissional, mais confortável ele fica em dar o crédito à sorte, apesar de não necessariamente ser de fato o mais sortudo. "O Bill Gates teve mais sorte que os outros? O Jorge Paulo Lemann teve? Não, isso é uma ilusão. A questão não é ter sorte, mas o que fazer com ela quando ela bater na sua porta. Gates soube aproveitá-la quando a IBM, nos anos 1980, precisava de um sistema operacional", disse.

Concordo com Collins no sentido de que não adianta o cavalo selado passar em nossa frente se não estivermos preparados para cavalgá-lo. O potencial de uma pessoa e as características que desenvolve, como a capacidade de se relacionar, a determinação e a disciplina, são fundamentais para realizar e seguir em frente. Ao mesmo tempo, a sorte pode ser um ingrediente importante ao oferecer a possibilidade de estar perto de alguém, de algum lugar ou de algum contexto que permitirão a melhor expressão desse conjunto de potencial e características. No questionário que fiz para este livro, a sorte apareceu em algumas respostas. Minha última questão investigava: o que não pode faltar em um livro sobre escolhas de carreiras bem-sucedida? Parte das pessoas sugeriu que eu não ignorasse o fator sorte. "Aprendi que não basta ser bom, excelente, é necessário ter uma boa dose de sorte nesta vida!", dizia uma das respostas. "Acho que não podem faltar relatos reais, que levem em consideração o aspecto 'sorte ou imponderável' nas decisões de carreira", afirmava outro. "O acaso e a sorte são componentes reais, mas não se entra no trem se você não estiver na estação, então favoreça o seu acaso", defendia um terceiro.

Nas outras respostas, a sorte foi mencionada especialmente para falar sobre a oportunidade de ter conhecido pessoas que tiveram impacto em suas vidas. Perguntei para os participantes do questionário quem havia sido inspiração ou exemplo durante suas carreiras. Muitos apontaram os chefes, ressaltando que tinham como características serem competentes, inspiradores, generosos, ou seja, exemplos de liderança.

Já a palavra oportunidade apareceu mais de duzentas vezes na pesquisa, quase sempre para explicar o motivo de uma mudança na carreira (de cargo, de empresa ou de área). Nas questões de múltipla escolha, das cerca de seiscentas pessoas que mudaram a opção de carreira durante a vida, 250 disseram ter alterado a rota ao vislumbrar uma oportunidade de negócio. Há duas respostas que fazem um bom resumo do que a oportunidade significou na vida das pessoas, segundo os relatos: "Aproveitar-se do acaso. Ter capacidade para fazer escolhas inesperadas. Não deixar passar oportunidades que atravessam por instantes seu caminho. Saber o que se quer" e "sucesso é quando a dedicação, a persistência e a determinação encontram a oportunidade".

Como me disse Oscar Quiroga, em parte fazemos escolhas, em parte aproveitamos as circunstâncias que se colocam para nós.

A ciência da sorte

O filme *Match Point*, de Woody Allen, abre com a seguinte reflexão: "As pessoas têm medo de encarar como grande parte da vida depende da sorte. É assustador pensar que tanta coisa foge do nosso controle. Existem momentos em que, numa partida de tênis, a bola bate na fita, e numa fração de segundos, pode tanto ir para a frente como para trás; com um pouco de sorte ela vai para a frente e você ganha, ou talvez não, e aí você perde". O próprio diretor já deu declarações de que a sorte teve papel fundamental para o seu êxito como cineasta e escritor: "Quando eu comecei a trabalhar no show business, havia garotos e garotas tão talentosos quanto eu ou mais. Um morreu numa queda de avião. Sabe, você precisa de sorte. É uma parte importante da sua vida e não admitimos isso".[2] No entanto, Woody Allen se firmou como um dos diretores mais produtivos de Hollywood, dirigindo praticamente um filme por ano desde que começou sua carreira. Mesmo quando uma película sua não era bem recebida pela crítica e pelo público (ou quando a bolinha caía no seu lado da quadra), ele ia lá e fazia outra, que normalmente o colocava novamente no panteão dos grandes gênios do cinema. Ou seja, mesmo que o acaso tenha contribuído para que Allen vencesse na vida, ele também possui sua parcela de "culpa", com muita disciplina, criatividade e resiliência para desenvolver inúmeros projetos e não esperar sentado no sofá que os bons ventos chegassem a ele.

Richard Wiseman, pesquisador britânico e professor da Universidade de Hertfordshire, usou a sorte como tema de sua pesquisa acadêmica. A investigação começou na década de 1990, e seu método consistia em analisar pessoas que se consideravam sortudas e pessoas que se consideravam azaradas. Uma de suas primeiras iniciativas foi colocar anúncios em jornais e revistas pedindo às pessoas que se viam em uma dessas duas categorias que entrassem em contato com ele. Ao longo dos anos, foram realizadas cerca de quatrocentas entrevistas com homens e mulheres de todas as idades e carreiras, que permitiram que suas vidas fossem estudadas.

A conclusão do pesquisador foi a de que as pessoas que se sentiam mais sortudas não tinham uma habilidade mágica. Os pensamentos e comportamentos das pessoas tinham, segundo Wiseman, muito a ver com o que nomeavam como sorte. As conclusões da pesquisa foram publicadas no livro *The Luck Factor*, em 2003. Basicamente, ele identificou quatro princípios usados para criar a boa sorte:

- Maximizar as chances de oportunidades, o que inclui construir uma rede de relacionamentos e estar aberto a novas experiências.
- Ouvir a intuição, ou seja, tomar algumas decisões baseadas nos sentimentos e sintonizar o canal interior por meio de técnicas como a meditação.
- Expectativa de sorte, que se traduz em otimismo com o futuro. Ela acaba se transformando em profecias autorrealizáveis, que ajudam as pessoas a persistir quando enfrentam fracassos.

- Transformar azar em sorte, que consiste em conseguir lidar com situações de azar que aparecem. Uma saída é imaginar, por exemplo, que poderia ter sido pior, e retomar aos poucos o controle do caso.

A visão de Wiseman é de quem concluiu que podemos influenciar nossa própria sorte. No entanto, há algumas abordagens que, apesar de não ignorar nosso poder de escolha, pontuam com mais firmeza a nossa falta de controle sobre a vida.

No livro *O andar do bêbado*, Leonard Mlodinow escreve sobre como o acaso influencia nossas vidas. A mente humana foi construída para identificar uma causa definida para cada acontecimento, podendo ter dificuldade em aceitar a influência de fatores aleatórios ou não relacionados. Ele aconselha percebermos que o êxito ou o fracasso podem não surgir de uma grande habilidade ou de uma incompetência completa, e sim de "circunstâncias fortuitas".

Mlodinow explica que a capacidade de tomar decisões e fazer avaliações sábias diante da incerteza é rara. Segundo ele, a resposta humana à incerteza é tão complexa que, por vezes, distintas estruturas cerebrais chegam a conclusões diferentes e lutam entre si para determinar qual delas dominará as demais.

As pessoas bem-sucedidas em todas as áreas quase sempre fazem parte de um conjunto das pessoas que não desistem. Muito do que nos acontece — êxito na carreira, nos investimentos e nas decisões pessoais, grandes ou pequenas — resulta tanto de fatores aleatórios quanto de habilidade, preparação e esforço. Portanto, a realidade que percebemos não é um reflexo direto das pessoas ou circunstâncias que a compõem, e sim uma imagem borrada pelos efeitos randomizantes de forças externas imprevisíveis ou variáveis. Isso não quer dizer que a habilidade não importe — ela

A SORTE E AS OPORTUNIDADES

é um dos fatores ampliadores das chances de êxito —, mas a conexão entre ações e resultados não é tão direta quanto gostaríamos de acreditar.

Daniel Kahneman fala sobre a sorte no livro *Rápido e devagar*. Ele relembra um episódio em que John Brockman, editor da revista *Edge*, pediu a cientistas que apresentassem sua equação favorita. A dele era a seguinte:

Sucesso = talento + sorte
Grande sucesso = um pouco mais de talento + muita sorte

Um exemplo do próprio Kahneman ajuda a esclarecer essas equações. Quando ele servia ao Exército de Israel, conversava com instrutores de voo da Força Aérea. Ele explicava a eles como recompensas pela melhora do desempenho funcionam melhor que punição por erros. Um dos instrutores mais experientes contestou. No caso de seus cadetes, os que recebiam elogios pioravam sua performance e os que levavam broncas melhoravam. Kahneman percebeu que a observação era verdadeira, mas a explicação não. Todos os pilotos tinham experiência e sabiam o que estavam fazendo. Os resultados acima ou abaixo da média eram ocasionais e, depois de uma performance atípica, a tendência era ter um desempenho de acordo com as expectativas. Não eram suas broncas ou elogios que faziam a diferença, mas sim flutuações inevitáveis de um processo aleatório.

Ele explica que o fato de muitos eventos importantes realmente envolverem escolhas constitui uma tentação maior para que nós exageremos o papel da capacidade e subestimemos o papel que a sorte desempenhou no resultado.

Falando especificamente de empresas, Kahneman cita pesquisas que estimam que a correlação entre o sucesso da empresa e a qualidade de seu CEO pode chegar a 0,3 (a correlação máxima seria 1). Em seguida, relativiza o culto aos líderes, às empresas bem-sucedidas e à nossa tendência de extrair lições de sucessos que podem ter sido fruto do acaso. Segundo Kahneman:

> Como a sorte desempenha um grande papel, a qualidade da liderança e das práticas de gerenciamento não pode ser inferida de modo confiável das observações de sucesso. E mesmo que você tivesse uma presciência perfeita de que um CEO fosse dono de uma visão brilhante e competência extraordinária, ainda assim você seria incapaz de prever como a empresa iria se sair com uma precisão muito maior do que jogando uma moeda.

O economista norte-americano Robert Frank, professor da Universidade Cornell, refletiu sobre a sorte questionando a meritocracia em seu livro *Success and Luck*. Ele começou a estudar o tema a fundo depois de ter uma parada cardíaca durante uma partida de tênis. Uma ambulância chegou rapidamente para seu socorro, garantindo que sobrevivesse a um episódio com alta taxa de mortalidade. Normalmente, o serviço de emergência demoraria a chegar ao local onde ele estava, mas, por sorte, um acidente de carro havia acontecido muito perto da quadra de tênis e havia uma ambulância disponível.

Segundo Frank, a maioria das pessoas, especialmente as bem-sucedidas, ficam desconfortáveis em dizer que o sucesso possa, em algum grau, depender do acaso. "A sorte não é algo que você possa mencionar na presença de *self-made men*", ironizou o ensaísta E. B. White no livro *One Man's Meat*.

Ignorar o fator sorte poderia ser apenas uma visão míope. O problema, como procura mostrar Frank, é que há evidências de que as pessoas crentes no mérito alcançado apenas com

A SORTE E AS OPORTUNIDADES

as próprias mãos tendem a ser menos generosas e ter menos espírito público. Por exemplo, ver o governo apenas como um coletor de impostos, sem reconhecer a importância do investimento em educação e infraestrutura de boa qualidade como fatores relevantes para criar pessoas bem-sucedidas.

Frank não considera que a sorte seja tudo e que podemos sentar na beira do rio e esperar pelo sucesso. Reconhece que o orgulho das conquistas, inclusive, é importante para manter a motivação e a perseverança. Mas ele defende que as pessoas pratiquem a gratidão, identificando momentos em que a sorte teve seu papel e ficando felizes por eles. Lembrar de vez em quando das oportunidades que tivemos pode nos estimular a devolver um pouco da nossa sorte para o mundo.

Mulheres na liderança

UMA CAUSA À QUAL TENHO DEDICADO atenção especial ao longo dos últimos anos é a liderança feminina. Estudo e participo de iniciativas que contribuem para que as mulheres assumam cada vez mais os principais cargos das empresas, como executivas ou empreendedoras.

O meu envolvimento com essa causa foi genuíno, motivado pela minha própria experiência. Por muito tempo, fui a única mulher em posição de diretoria nas empresas em que trabalhei. Tinha que administrar a minha insegurança diante de um ambiente predominantemente masculino. Por isso, tenho me dedicado a ajudar outras mulheres a superar as barreiras e a reduzir a lacuna de gênero existente nas empresas. A espiral positiva para as mulheres pode empacar em obstáculos, então é preciso removê-los. Adoro a frase de Madeleine Albright, ex-secretária de Estado dos Estados Unidos: "Há um lugar especial reservado no inferno para mulheres que não ajudam outras mulheres".[1]

MULHERES NA LIDERANÇA

Os espaços nos quais tenho me dedicado formalmente a promover debates e mentorias incluem o Instituto Brasileiro de Governança Corporativa (IBGC), a Endeavor, o grupo Mulheres do Brasil e o programa Winning Women da EY,* que conecta empreendedoras a um time de conselheiros de alta performance, além de promover palestras para empresas familiares. Na prática, esse é um tema que está sempre presente no meu dia a dia, na interação com minhas sócias e colegas de trabalho, com clientes e amigas.

Enquanto eu escrevia este livro, houve uma aceleração do debate sobre o tema, inclusive na discussão da diferença de remuneração entre homens e mulheres no mundo. Em março de 2017, por exemplo, a Islândia foi o primeiro país a obrigar as empresas a oferecer os mesmos salários e benefícios aos funcionários de mesmo cargo independentemente de sexo, etnia, orientação sexual ou nacionalidade.

Seguindo a lógica de sucesso no longo prazo, é possível identificar algumas atitudes capazes de criar mais oportunidades no ambiente profissional para as mulheres competentes e motivadas.

Onde está a lacuna?

As mulheres estudam mais. Elas representam 60% dos alunos que concluem um curso superior no Brasil. Segundo dados da Pesquisa Nacional por Amostra de Domicílio (Pnad) de 2014,[2] das pessoas ocupadas com mais de dezesseis anos, 18,8% das mulheres possuíam ensino superior completo, contra 11% dos

---

* Entrepreneur of the Year é um programa global que premia o empreendedorismo entre indivíduos e empresas que demonstram visão, liderança e sucesso. (N. E.)

183

homens; 39,1% das mulheres possuíam ensino médio completo, contra 33,5% dos homens.

De acordo com o IBGE,[3] quatro em cada dez lares brasileiros têm as mulheres como principal referência da casa. Na média, elas contribuem com cerca de 40% da renda familiar. Pela óptica do consumo, são as principais tomadoras de decisão. Segundo uma pesquisa do Data Popular divulgada em 2013,[4] os maridos dizem que elas são quase sempre responsáveis por decidir as compras do supermercado (86%), as férias da família (79%), o modelo do carro (58%) e o computador (53%).

Ainda assim, sua representatividade no nível hierárquico mais alto das empresas está longe do ideal. Elas representam 56% dos profissionais nos níveis de entrada das organizações, mas conforme a pirâmide afunila, sua participação cai drasticamente para 14%, chegando a 4% quando olhamos a posição de CEO. Matematicamente, essa estatística faz pouco sentido, e as razões para que isso aconteça ainda são temas de debates entre os acadêmicos e profissionais do mercado.

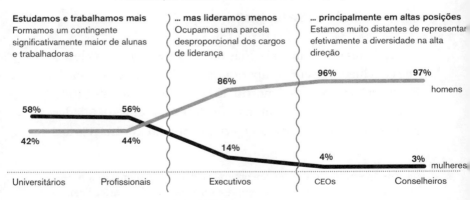

FONTE: IBGE, *Valor Econômico*, Catho, 2016.

MULHERES NA LIDERANÇA

A situação tem mudado gradativamente, mas, se continuarmos avançando no ritmo atual, as mulheres demorarão quase oitenta anos para ocupar metade das cadeiras de liderança nas empresas e nos governos. É um ritmo lento demais, considerando o quanto a paridade de gênero pode adicionar ao PIB — segundo a consultoria McKinsey, quase 1 trilhão de dólares a mais só na América Latina — e o quanto o estilo feminino de trabalho, gestão e liderança está alinhado às necessidades das empresas.

O argumento para tomar iniciativas que acelerem a participação feminina e a diversidade poderia se resumir ao fato de que precisamos oferecer igualdade de direitos e oportunidades a todos os profissionais. Se para as empresas o argumento que faltava era quantificar o benefício, isso já não é uma questão. Pesquisas da última década mostraram que times diversos têm resultados melhores. Um estudo da McKinsey comparou a margem EBIT (lucro antes dos juros e tributos) de empresas com diversidade de gênero na gestão com a média do segmento. No primeiro grupo, a margem EBIT média era 91% superior em relação ao segundo. Outro levantamento, dessa vez do Credit Suisse, analisou a performance na Bolsa americana de todas as empresas avaliadas em mais de 10 bilhões de dólares entre 2005 e 2012. As empresas com uma ou mais mulheres no conselho tiveram uma valorização 26% maior quando comparadas à média.

A ausência de mulheres nos cargos de liderança precisa ser discutida, porque a lacuna não será fechada sem que se reconheçam as barreiras e se criem ações concretas para rompê-las.

Um novo olhar para as mulheres nas empresas

Como o tema da desigualdade de gênero no mercado de trabalho tem sido discutido com frequência na última década, pode parecer que está há muito tempo em pauta, mas não é bem assim. Faz pouco mais de quinze anos que o tema da mulher na sucessão familiar começou a ser abordado em livros e estudos. Antes disso, eram raros os materiais sobre o assunto. Há uma geração de mulheres que ainda recorda a obrigação de levantar da mesa durante o almoço ou o jantar quando os homens passavam a discutir negócios.

Em 2014, a marca de absorventes Always lançou a campanha "Like a Girl" para discutir a força dos estereótipos.[5] Em um vídeo que teve quase 65 milhões de visualizações no YouTube, a documentarista Lauren Greenfield perguntou a crianças e adultos o que significava correr ou lutar "como uma menina", mostrando que a ideia de "fazer como uma menina" estava associada a algo pejorativo, a uma fraqueza. A ideia da campanha foi fazer com que as pessoas refletissem, transformando o conceito em algo positivo, ajudando a aumentar a autoestima de adolescentes. É provocativo pensar que, no século XXI, ainda precisamos convencer a sociedade de que realizar qualquer coisa como uma menina pode ser sinônimo de fazer bem-feito, com garra e vontade.

Acredito que é em parte por conta dessas ideias preconcebidas que criamos um obstáculo, ainda que implícito, à ascensão das mulheres na carreira. Há algumas respostas que ouço com frequência para explicar a lacuna de gênero, mas nenhuma delas se sustenta diante da realidade.

A primeira, que nos últimos anos aparece raramente, é que as mulheres não são capazes. Os exemplos pelo mundo são mais do que suficientes para rejeitar essa hipótese. A segunda é a preferência por se dedicar à família. Há duas falhas nesse argumento: mulheres que decidem não ter filhos também encontram barreiras, e muitas mulheres bem-sucedidas conseguiram equilibrar família e trabalho. A terceira é que há uma barreira de estereótipos de que a mulher é emocionalmente mais frágil, então não tem capacidade de liderar. Sim, os estereótipos, por mais absurdos que sejam, existem. Mesmo em empresas modernas nas quais o tema é amplamente debatido, como o Google, a lacuna persiste. A quarta é que há uma diferença no estilo de liderança de homens e mulheres. Sim, mas o estilo das mulheres, que tende a ser mais agregador, tem tudo a ver com o contexto atual das empresas.

A minha contribuição para a discussão é a percepção de que há uma dificuldade de distinguir entre confiança e competência — e esse viés favorece os homens. As mulheres tendem a se manifestar menos e demonstrar menos confiança em si mesmas. O homem desde cedo é estimulado a demonstrar força, possui mais facilidade para afirmar que entende de um assunto, mesmo sem toda a segurança do mundo. A mulher não tende a manifestar excesso de confiança, pelo contrário, geralmente é criada para demonstrar mais discrição e costuma dizer que não sabe quando perguntada sobre um assunto que desconhece.

O caso da Wikipedia ilustra bem essa ideia. A plataforma, uma enciclopédia on-line, é construída por milhares de colaboradores. Escreve quem quer. Do total de leitores, 48% são mulheres.[6] Do total de editores, ou seja, quem contribui escrevendo ou corrigindo artigos, apenas 9% são mulheres. Por quê? Três justificativas possíveis: elas são menos confiantes em sua expertise apesar de terem nível de experiência comparável; ficam menos confortáveis em editar o trabalho dos outros; e reagem mais negativamente a críticas. A minha tese é que o fato de o processo de edição envolver frequentemente conflitos afugenta as mulheres.

As mesmas características que afastam as mulheres da Wikipedia podem ser o que as torna menos reconhecidas como líderes potenciais. Essa tendência de as mulheres se sentirem menos prontas ou colocarem-se menos perante os outros foi uma das características para a qual Sheryl Sandberg, coo do Facebook, chamou a atenção em seu primeiro livro, *Faça acontecer*. Mesmo reconhecendo as barreiras externas erguidas pela sociedade, ela afirmou que as mulheres são freadas por barreiras internas. "Nós nos seguramos ao não ter autoconfiança, ao não levantar nossas mãos, ao recuar quando deveríamos fazer acontecer. Internalizamos a mensagem negativa que ouvimos durante a vida — que é errado ser franca, agressiva e mais poderosa que os homens. Baixamos as expectativas do que podemos atingir", diz ela.

Esse fenômeno descrito por Sheryl começou a ser estudado em 1978 pelas psicólogas norte-americanas Pauline Clance e Suzanne Imes, ambas pesquisadoras da Universidade Estadual da Georgia. Durante cinco anos, elas estudaram 150 mulheres bem-sucedidas em diversas áreas, detentoras de títulos de doutorado, profissionais ou estudantes reconhecidas pelo bom desempenho acadêmico. Apesar de serem ótimas no que faziam, essas mulheres não se consideravam inteligentes ou capazes. Pelo contrário, creditavam todo o sucesso ao acaso ou a algum erro no processo. As pesquisadoras deram a esse comportamento o nome de Síndrome do Impostor, e notaram que, apesar de também ocorrer com homens, era um fenômeno bem mais comum nas mulheres.

Um exemplo prático da falta de segurança das mulheres é um caso que ouvi sobre a McKinsey no Brasil. A consultoria costumava ter um período de "geladeira" após os processos

MULHERES NA LIDERANÇA

seletivos, ou seja, os jovens que não fossem aprovados não poderiam se candidatar novamente por um tempo determinado. A equipe de recrutamento, no esforço de convocar as estudantes para fazer inscrição no processo, descobriu que muitas delas ficavam ressabiadas com a geladeira. Se não estivessem absolutamente confiantes ou há vários meses estudando para o processo, sequer tentavam fazer a prova, com medo de perderem sua chance. Elas adiavam sempre para a rodada seguinte, acreditando que estariam mais preparadas. A verdade é que muitas delas nunca se sentiam suficientemente capazes e nunca se candidatavam para a vaga na consultoria.

No livro *Mulheres no poder*, escrito por Joanna Barsh e Susie Cranston, ambas consultoras da McKisney na época da publicação, há um capítulo dedicado ao medo de se levantar e dizer a própria opinião. "Por que tantas mulheres relutam em se defender? Por que ficam quietas enquanto um homem sequestra a conversa? Ficamos surpresas com a infindável lista de razões que as mulheres apresentaram", dizem. Ao conversar com mulheres, as justificativas que ouviram para não se manifestar iam desde "os homens adoram falar" até "sou nova aqui". Suas entrevistas indicaram que o medo leva muitas mulheres a definirem padrões tão altos que atrapalhariam qualquer uma. "Muitas esperam tempo demais para entrar numa conversa. Outras confundem respeitar com permanecer em silêncio", afirmam as autoras no livro.

O problema é que se tendemos a reconhecer como líder aquele que possui segurança, carisma e impacto, quem sempre espera ser chamada a falar não terá muita vantagem na corrida para os cargos de chefia.

O apoio dos mais próximos

Outra questão que impacta no crescimento profissional de uma mulher é o casamento e as expectativas em relação à divisão de tarefas. Pesquisadores do tema igualdade de gênero no mercado de trabalho argumentam que a escolha do parceiro pode fazer muita diferença no longo prazo. Avivah Wittenberg-Cox, CEO da consultoria 20-first, que ajuda empresas a melhorar o equilíbrio de gênero, escreveu um artigo para a *Harvard Business Review* com uma mensagem nada sutil: se você não consegue encontrar um cônjuge que apoie sua carreira, fique solteira.[7]

Seu argumento é que, sem esse apoio, maiores são as chances de a carreira da mulher ficar em segundo plano e de ela não progredir. Não que os maridos não sejam solidários, eles muitas vezes são, e ficam felizes com esposas bem-sucedidas e bem remuneradas. Porém, em muitas ocasiões, agem assim somente até o ponto em que isso não atrapalhe suas próprias carreiras.

Um estudo de Robin Ely, Colleen Ammerman e Pamela Stone, cujos resultados também foram divulgados na *Harvard Business Review*,[8] apontou a diferença entre as expectativas de homens e mulheres. O recorte do estudo foi feito com estudantes de MBA de Harvard, ou seja, todos com boa formação. Entre o grupo dos entrevistados com 32 a 48 anos (faixa etária com maior probabilidade de filhos em casa), descobriu-se o seguinte: 61% dos homens esperavam, ao sair de Harvard, que teriam um casamento no qual suas carreiras seriam mais importantes que as de suas esposas; as mulheres que acreditavam entrar nesse arranjo eram apenas 25%. A realidade? Cerca de 70% dos homens tiveram preferência em suas carreiras, mais do que os que de fato esperavam que isso acontecesse. Entre as mulheres, 39% ficaram com a carreira em segundo plano.

MULHERES NA LIDERANÇA

Outra conclusão desse estudo foi que, entre as mulheres que param de trabalhar depois de ter filhos, a maior parte sai relutante, como um último recurso após concluírem que estão sendo deixadas de lado no trabalho, sem perspectiva de avançar. A percepção delas é que escolher trabalhar em horário reduzido ou o simples fato de serem mães as deixavam de fora de projetos e desafios relevantes para suas empresas.

As barreiras inconscientes

Outro ponto nem sempre reconhecido em desfavor das mulheres são os vieses inconscientes. Nosso cérebro tem uma capacidade limitada de processar informações. Fazemos julgamentos rápidos demais sobre a realidade à nossa frente. Essa capacidade nos permitiu sobreviver em tempos remotos, quando a ação imediata, como reconhecer um predador, era necessária. Isso garantiu que a espécie humana chegasse até aqui. O problema é que parte do nosso raciocínio, baseado nos julgamentos rápidos ou nos padrões preestabelecidos, continua sendo construído como em nossos distantes antepassados, o que nem sempre é adequado para as tarefas do século XXI.

No caso das mulheres no mercado de trabalho, padrões preestabelecidos e vieses dos quais sequer temos consciência podem ser mais um obstáculo para chegar aos níveis mais altos nas empresas. Se o estereótipo que temos em mente em relação às mulheres não está de acordo com nosso estereótipo de líder, podemos achar o currículo de uma candidata ótimo, mas ter a impressão de que ela terá poucas habilidades para a liderança. Por outro lado, se uma candidata se comporta como nosso estereótipo de líder, mas não como nosso estereótipo da figura feminina, podemos descartá-la por ser assertiva demais

191

— característica que não combina com o que esperamos dela, mas que seria bem-vista em um homem. Como afirma o manifesto do movimento Ban Bossy, criado e apoiado por Sheryl Sandberg, "quando um menino é assertivo, ele é chamado de líder. Quando uma menina faz o mesmo, ela corre o risco de ser rotulada de mandona".[9]

Um estudo realizado pelos pesquisadores Malim Malmstrom, Jeaneth Johansson e Joakim Wincent, da Universidade de Tecnologia Lulea, na Suécia, analisou a diferença nas descrições de empreendedores e empreendedoras feitas por integrantes de um fundo de investimento de risco do governo sueco.[10] As observações foram realizadas durante a discussão de 125 projetos entre 2009 e 2019. Um empreendedor era geralmente descrito como "jovem e promissor", "agressivo, mas um excelente empreendedor", "experiente e com domínio", "cuidadoso, sensível e equilibrado". Uma empreendedora era "jovem, mas inexperiente", "energizada, mas fraca", "experiente, mas preocupada", "muito cuidadosa e não ousa".

Outro teste que demonstra a força da diferença no julgamento está na introdução da prática de testes cegos nas cinco maiores orquestras dos Estados Unidos. A iniciativa começou na década de 1980. Os avaliadores não podiam ver quem estava tocando. As mulheres passaram inclusive a dispensar o salto alto para preservar sua identidade. A parcela de mulheres entre os novos contratados pelas orquestras saltou de 9% em 1970 para 40% uma década depois. Foi uma prova de que, se não podemos eliminar imediatamente os vieses, é possível contorná-los. Acredito que há maneiras de exercer a criatividade durante os processos seletivos e de recrutamento para ter o mesmo efeito do teste cego.[11]

Entre as características em comum que encontrei nos líderes de sucesso durante minha carreira, não havia nenhu-

MULHERES NA LIDERANÇA

ma com barreira de gênero. Todos os bons profissionais são capazes de ter controle sobre as decisões que impactam em sua vida, coragem, bom humor, foco no resultado e construir relacionamentos. São características universais, comuns a qualquer ser humano. Há, claro, qualidades mais marcantes nos líderes masculinos e outras nas líderes femininas. As tendências a habilidades diferentes podem ser usadas para que elas estejam em vantagem dependendo da demanda da empresa e das necessidades da vaga. Não há um perfil exato de líder que funciona para qualquer situação. Há algumas habilidades que aparecem com mais frequência ao observarmos mulheres, segundo Ana Fontes, criadora da Rede Mulher Empreendedora, primeira e maior plataforma de apoio ao empreendedorismo feminino do Brasil:

1. Predomínio do emocional: costumam exercer mais o lado "humano", geram empatia e gostam de orientar. São sociáveis, expressivas e próximas.
2. Tendência à cooperação: o trabalho em equipe é mais natural para elas. São ativas na inclusão e contenção de pessoas e preocupam-se com processos organizados.
3. Gestão de pessoas: têm um olhar mais cuidadoso e generoso. Gostam de ajudar, incluir e encorajam a participação dos demais.
4. Intuição: as mulheres podem ser analíticas, mas decidem com intuição e geram impacto positivo quase sempre.
5. Assertividade em conflitos: evitam entrar em conflitos, mas quando a discussão começa, podem falar mais e se envolver, mesmo mantendo a preocupação de não magoar.
6. Maior predisposição à mudança: tendem a inovar com mais facilidade, colocando as pessoas no centro. São flexíveis, comunicativas e persuasivas.

7. Capacidade de agir em múltiplas direções: pensam e agem em diferentes frentes, o que pode ser uma vantagem em momentos de decisão ou crise.

No início de 2018, circulou por alguns grupos dos quais participo um vídeo inspirador de Vandana Shiva, física e ativista do meio ambiente, numa entrevista para o site *PlayGround*.[12] Ela explica que, ao longo de séculos, as mulheres foram deixadas a cargo dos trabalhos considerados menos importantes. Procuravam água, comida e cuidavam da família, enquanto os homens cuidavam da guerra e dos negócios lucrativos. Essa dinâmica lhes deu conhecimentos e valores de que a humanidade precisará cada vez mais em um futuro próximo: como conviver com a natureza, cuidar e compartilhar.

Controlando o controlável e outros conselhos

Quando converso com grupos de mulheres, costumo sugerir posturas que fazem a diferença. As ações afirmativas, um aspecto externo, são relevantes para aumentar com velocidade a participação das mulheres nos níveis mais altos do mundo corporativo. No entanto, há também um aspecto interno, que chamo de objetivos pessoais, os quais podemos planejar e arbitrar. São esses objetivos que nos ajudam a tomar decisões quando enfrentamos a dúvida. Para pensar sobre eles, sugiro três iniciativas.

A primeira delas é conhecer-se. Como você quer que a sua vida seja? Em que tipo de ambiente você produz mais e melhor? Que tipo de desafios você não faz questão de enfrentar? São grandes questões que exigem reflexão. O autoconhecimento também permite identificar pontos fortes e necessidade de desenvolvimento.

Controle o controlável. Há situações que não podemos prever, como o crescimento do PIB nacional, a doença de alguém na família ou o sucesso de outra pessoa. Há outras que podemos controlar, como a nossa área de especialidade, o tipo de empresa, a posição que vamos buscar, o nosso nível de formação superior, o quanto ficamos expostas a novos temas e desafios, como equilibramos a família e o trabalho. Podemos aproveitar as nossas habilidades, buscar desenvolvimento e tomar decisões de carreira alinhadas aos objetivos que traçamos.

Finalmente, é preciso pensar em dois tempos: o que faz sentido no curto prazo? E quais serão as implicações de longo prazo? Quais portas vão se abrir e quais se fecharão? Não podemos rejeitar possibilidades sem antes saber quais são elas. Certa vez, conheci uma jovem que não queria ser promovida porque planejava ter filhos. "Mas você está grávida?" Não. "Está tentando engravidar?" Não. Naquele momento, ela sequer tinha um namorado. Por que fechar as portas tão cedo? Não coloque limitações antes de haver de fato uma boa razão para isso. Não saia antes de sair, deixe as portas abertas.

Outra postura que combina o aspecto interno com o externo é criarmos referências de líderes femininas. Os exemplos mostram aonde é possível chegar, abrem um canal de diálogo e criam uma sensação de que não se está sozinha. Quando uma criança ou uma jovem possui uma referência feminina forte, ela se empodera. Ter em quem se espelhar e inspirar é uma parte fundamental da formação de potenciais líderes. Porque, para que ações afirmativas funcionem e para que espaços sejam ocupados, elas precisam, antes de tudo, saber que é possível e incluir a vontade de liderar em seus sonhos. Quanto mais mulheres bem-sucedidas, realizadas e ocupando seu espaço existirem, mais inspirações surgirão naturalmente.

A gestão do depois

TODA CARREIRA É UMA CONSTRUÇÃO. Começa com uma escolha apontando em uma direção, muda de rumo por decisões pessoais ou oportunidades e vai ganhando solidez com novos desafios e o aprofundamento do conhecimento. Ao final de algumas décadas, o que muita gente vislumbra, com a aposentadoria, é um momento de descanso, de aproveitar a vida.

No entanto, atualmente esse desejo esbarra em algumas questões. A primeira delas, mais prática e objetiva, é o fato de que, caso queiram receber uma aposentadoria integral paga pelo Estado, os profissionais terão que trabalhar alguns anos a mais. Com o envelhecimento da população, diferentes países, incluindo o Brasil, colocaram a previdência em pauta e as regras têm sido alteradas.

A segunda questão é mais subjetiva e tem a ver com o papel e o significado do trabalho para cada pessoa. A ideia de que se trabalhava por trinta anos em uma empresa para depois aproveitar a vida na aposentadoria está deixando de fazer sentido.

A GESTÃO DO DEPOIS

Primeiro, porque há muito mais possibilidades de se reinventar profissionalmente. Segundo, porque estamos vivendo mais e melhor. Para uma parcela da população que conseguiu juntar patrimônio suficiente para não depender de aposentadoria pública, por exemplo, a poupança não tira a vontade de continuar sendo produtivo. Além disso, em nossa sociedade, o trabalho é parte da nossa identidade. Não à toa, quando estamos conhecendo alguém, uma das primeiras perguntas que fazemos ou nos fazem é "o que você faz?". A profissão diz muito sobre a pessoa.

A interrupção do trabalho e das funções antes exercidas não pode representar um grande ponto final. Para alguns profissionais, isso acaba gerando depressão e um sentimento de inutilidade. É preciso ressignificar o trabalho e a carreira de acordo com o momento da vida e, no caso dos mais experientes, fazer a gestão do depois.

Entre as histórias que ouvi para este livro, percebo que algumas pessoas que já conquistaram muito durante suas carreiras estão nessa fase de pensar no passo seguinte. Como ocupar seu tempo de maneira que se realizem e aproveitem a vida com qualidade, quando já acumularam um patrimônio confortável e uma satisfação com a sua jornada profissional?

Meu maior exemplo vem de dentro de casa. Ruy, meu marido, é colecionador. Cultiva o hobby há quase quarenta anos. Ele se formou em engenharia, mas logo se interessou por administração e economia. Então, no início da década de 1970, se inscreveu em um MBA no exterior e foi estudar em Stanford, nos Estados Unidos. De volta ao Brasil, foi trabalhar na Villares, que tinha uma área de siderurgia, uma de bens de capital e outra de elevadores. Ficou mais de vinte anos na empresa, chegando a CFO e chefe da unidade de elevadores.

Paralelamente à carreira que construiu como executivo, Ruy sempre foi fascinado por livros. Na juventude, passou a se interessar por exemplares raros, de primeira edição — "acho que dá um certo fascínio você pegar em suas mãos um livro como ele foi escrito e lançado", descreve. Perto dos trinta anos, foi conversar com José Mindlin, bibliófilo que possuía a maior biblioteca privada do país e que, no final da vida, tinha cerca de 40 mil exemplares. Além de um incentivador do colecionismo, Mindlin inspirava Ruy com seu charme especial para contar as histórias de como conseguira seus livros.

Ao montar uma coleção própria de livros raros, meu marido percebeu que gostava muito de imagens, e sua escolha enveredou para a iconografia brasileira. Algumas das obras que se orgulha de ter conseguido são a versão colorida da *Viagem pitoresca e histórica ao Brasil,* de Jean Baptiste Debret, e uma *Machadiana*, a primeira edição dos livros escritos por Machado de Assis, possuindo inclusive um com dedicatória. No final da década de 1990, sua coleção passou a ser cada vez mais voltada para a fotografia da América do Sul do século XIX.

Hoje, Ruy dedica 10% da semana e boa parte do final de semana ao colecionismo. No resto do tempo, trabalha com gestão de processos de empresas que já fecharam ou foram vendidas. Seu objetivo é ocupar, em breve, metade do seu tempo com o hobby. Seus amigos dizem que ele é o único da turma que com certeza não sofrerá de tédio. Meu marido ainda busca uma maneira de gerar alguma renda com a coleção, mas o interesse dele no assunto não depende disso e provavelmente será um excelente antídoto contra a solidão e a depressão.

Múltiplos interesses

Rafael D'Andrea, consultor e fundador do Grupo Toolbox, fez uma dissertação de mestrado no Insead em 2016 sobre

A GESTÃO DO DEPOIS

o que chamou de "carreira bônus". Ele investigou homens que tinham uma trajetória de sucesso e decidiram mudar drasticamente de carreira após os cinquenta anos. Descobriu que o motivo da mudança para a maioria deles estava relacionado à discriminação de profissionais mais velhos no ambiente de trabalho. Ao se reinventarem, mesmo sem necessidade financeira, estariam, ao mesmo tempo, buscando não se tornar pessoas desocupadas ou profissionais obsoletos e tentando se mostrar úteis e antenados com as novidades. O importante nesse momento da vida era ser visto como uma pessoa que continua progredindo em seus empreendimentos. Entre os entrevistados para a pesquisa, alguns fizeram a nova carreira buscando seus sonhos de criança ou utilizaram as habilidades desenvolvidas como executivos para outras aplicações.

Em 2015, repercutiu no Brasil a história de Jacques Lewkowicz, até então o Lew da agência lew'lara/TBWA, que, aos setenta anos, aceitou um emprego no escritório do Google em São Paulo. Segundo uma reportagem da *Folha de S. Paulo*, a relação do publicitário com a gigante da internet começou em 2013, quando foi convidado para proferir uma palestra.[1] Ele aproveitou a oportunidade e pediu ao diretor de agências do Google Brasil, Marco Bebiano, para passar três dias conhecendo a empresa.

Alguns meses depois, vendeu sua participação na agência e foi para uma temporada de estudos em Nova York, onde fez cursos de literatura e roteiro. Em uma de suas idas a São Paulo, encontrou-se novamente com Bebiano, que o convidou para estagiar na empresa. Um dos objetivos era usar a experiência de Lewkowicz para encontrar novos caminhos para a propaganda no YouTube. O publicitário aceitou sem hesitar. A reportagem da *Folha*, na época, brincou com o fato de o

199

estagiário de barba grisalha chegar de Mercedes ao prédio do Google. Mas o ponto que fascinou quem leu a história era o fato de alguém com tanta experiência continuar com vontade de fazer acontecer. Manter o interesse vivo talvez seja um dos segredos para não cair no tédio nem se limitar às barreiras de idade ainda impostas pelo mercado de trabalho.

Deives Rezende fez carreira no mercado financeiro. Começou a trabalhar no Banco Real aos dezesseis anos, aos dezenove tornou-se chefe dos caixas e aos 21 foi efetivado como inspetor. Passou por outras grandes instituições e ficou por quatro anos no Citibank como diretor de operações, onde cuidou de equipes que se revezavam em três turnos. Decidiu deixar o cargo após receber uma proposta de um fundo de *private equity*, que compra uma parte de certas empresas com o objetivo de alavancar seus resultados para aumentar o valor da companhia.

Apesar de ter gostado da experiência, Deives percebeu que queria diminuir o ritmo e passar mais tempo com a família. Concluiu que sairia do mercado financeiro, onde estava há mais de vinte anos, para atuar em outro setor. Devia haver oportunidades interessantes fora dali, pensava. Ele encontrou uma oportunidade no Instituto Ethos, onde ficou por pouco mais de um ano. Foi um dos períodos em que mais aprendeu na carreira. Porém, sua renda mensal diminuiu consideravelmente, e ele voltou ao mercado financeiro.

Em 2005, entrou no Unibanco, na área de compliance. Em 2008, após a fusão com o Itaú, passou a ser responsável por relações governamentais e institucionais. Com quase cinquenta anos, sentiu que era hora de voltar a estudar, e cursou um MBA de Gestão Empresarial na FGV. O curso o fez concluir que tinha chegado a hora de se preparar para um novo ciclo profissional. Fez um curso de coaching, já que,

200

nos cargos que ocupou, sempre gostou de ficar próximo das equipes e atuar como mentor. Acreditava ser uma habilidade inata que poderia ser aprimorada para que iniciasse um novo caminho. Participou também de outras iniciativas, como um curso de mediação organizacional e entrou como investidor--anjo em uma startup.

Em 2018, conseguiu transformar o que era inicialmente apenas um "plano B" para sua carreira de executivo em atuação principal. Deixou o banco para dedicar-se ao coaching e ao mentoring, focado em governança de ética, diversidade e inclusão racial. Com um futuro financeiro razoavelmente planejado pelo que construiu até aqui, sua dedicação ao novo trabalho lhe permitiu colocar em prática, em outro contexto, todas as habilidades que desenvolveu no mundo corporativo.

Outro exemplo de alguém que não ficou ocioso depois de uma bem-sucedida jornada profissional é o publicitário Celso Loducca, de quem falei no início do livro. Por ter cultivado durante a vida múltiplos interesses, não ficou parado após ter vendido sua agência em 2015. Além de participar de conselhos de empresas e de ONGs, continuou se dedicando à Casa do Saber, da qual é sócio-fundador. Em 2013, estreou o programa *Quem somos nós*, na rádio Eldorado, no qual discute desde temas tabus até filosofia, passando por neurociência. É um programa que incorpora toda sua sede por aprendizado em diferentes áreas e ao qual se dedica com prazer. Em 2019, o programa tinha mais de 170 mil inscritos no YouTube.

Além disso, cultiva seu interesse por animais e por comida em sua fazenda, onde produz queijo com o leite das vacas criadas ali mesmo. Já fez curso para domar cavalos e para adestrar cachorros. Sobre negócios, brinca que faz consultoria de graça e paga muitos cafés, seja para falar com empresas, seja com pessoas que querem orientação.

O QUE FAZ A DIFERENÇA

A indefinição sobre seu destino no mundo do business não significa sua inatividade. Parece-me que, seja qual for seu momento profissional, Loducca estará sempre dedicado a tantos interesses que não perderá nem a motivação de se envolver em novos projetos nem terá dificuldade de encontrar sentido para a vida.

Uma nova geração de líderes

AS PESSOAS QUE ENTREVISTEI para este livro tinham, em sua maioria, mais de quarenta anos. Todas pertencem a uma geração com uma mentalidade diferente da dos jovens que estão entrando no mercado de trabalho e que serão os próximos empreendedores, executivos, líderes, artistas, publicitários e políticos. Isso que me fez questionar: as evidências que reuni para a escolha dos caminhos do sucesso profissional e para criar resultados de longo prazo serão válidas para essa nova geração? Será que os que nasceram e cresceram no mundo digital são completamente diferentes? A lógica de suas escolhas também é diferente?

Como o meu conhecimento sobre os chamados *millennials* se limita ao convívio com os mais jovens da família, ou filhos de amigos e clientes, preferi consultar formalmente quem estuda o assunto e aprende diariamente com essa geração. As respostas que obtive me levam a crer que os estímulos são os mesmos e a tese continua fazendo sentido. A evolução nos caminhos escolhidos segue dependendo de elementos como resiliência, coragem e vontade de aprender, que não só estarão presentes, como serão cada vez mais importantes. A grande mudança que devemos testemunhar é uma busca dos *millenials* pelos porquês e por propósito no trabalho. Eles serão mais questionadores do que as gerações que vieram antes e terão razões completamente diferentes para se dedicarem a um trabalho ou a uma organização. Algumas das definições de sucesso que apresentamos neste livro, por exemplo, poderão deixar de fazer sentido nas próximas décadas.

Na prática, os jovens não entrarão mais em uma empresa só porque é uma multinacional com benefícios e estabilidade. Flavia Camanho foi diretora do Family Office da Itausa, de onde saiu no início de 2020 para empreender. Ela percebe uma mudança clara no perfil dos jovens. Antes buscavam um nome forte e empresas conhecidas para carimbar o currículo, hoje, se a empresa não defender o que eles acreditam, não lhes interessa, não importando seu tamanho ou quão sólida seja. Eles questionam, por exemplo, se a empresa faz testes em animais, se tem propósito além das metas de resultados financeiros e como impacta a comunidade ao seu redor e o país onde está.

Outra diferença, segundo Flavia, é que estão cada vez menos preocupados com o plano de carreira e mais atentos à visão de futuro das organizações. Se estiver alinhada ao que buscam, terão vontade de se juntar, vendo uma oportunidade para usar seus talentos e fazer parte do time que o ajudará a construir aquele sonho.

Para Sofia Esteves, fundadora do grupo Cia. de Talentos, uma das maiores empresas brasileiras de seleção e desenvolvimento, os grandes mobilizadores dos jovens atualmente são: ser felizes e fazer aquilo de que gostam. A empresa

UMA NOVA GERAÇÃO DE LÍDERES

em que desejam estar, seja uma multinacional ou startup, é aquela na qual se sentirão respeitados ao mostrar sua essência. "Antes o que mais valia era o salário, a chance de crescimento profissional, a solidez da empresa. Nos últimos anos, passou a valer o desenvolvimento profissional e fazer o que gosta. Eles dizem que a cultura da empresa precisa estar de acordo com os seus valores e com aquilo que estão buscando", explica.

Não é que o dinheiro não seja importante, mas ele não precisa ser acumulado por anos a fio para só depois ser desfrutado. Os jovens querem ter prazer, disponibilidade de tempo e equilíbrio entre vida e carreira desde o início, pois não querem esperar a aposentadoria para aproveitar a vida. Querem agora. Assim, a remuneração deixa de ser *o* grande incentivo. Até porque seus hábitos de consumo são totalmente diferentes. A necessidade de comprar, poupar e ter posses deixaram de estar na pauta da grande maioria desses jovens. O compartilhado e o coletivo têm se tornado a regra. Eles não despendem milhares de reais em um carro porque podem andar de bicicleta, a pé, de ônibus ou de Uber.

A lógica do coletivo também vale para suas relações profissionais. Eles sabem e querem pensar em grupo e não se limitam às barreiras de áreas. Segundo Flavia, nos programas de trainee em que os jovens rotacionam em diferentes núcleos das empresas, tem sido comum fazerem a conexão entre os problemas e a ponte para resolvê-los de maneira conjunta. O time e a solução do problema são mais importantes que as hierarquias rígidas.

Uma vez dentro das empresas, eles também questionam e cobram coerência. Um caso emblemático para Flavia aconteceu na Johnson & Johnson, em uma época em que se começava o cuidado com o bem-estar e a cultura empresarial. Ela conta um caso liderado por um grupo de jovens que fizeram a campanha pelo *Short Friday All Year* na empresa. Chegaram a gravar um vídeo cantando uma música batizada de "Hoje eu quero sair às 14h", que viralizou pelos escritórios do mundo todo. Para eles, fazia sentido rever a distribuição de carga horária e reduzir a tarde de sexta e, para serem ouvidos, não foram nem um pouco tímidos ao expressar seu ponto de vista. A empresa que, afinal, prometia defender o bem-estar das pessoas, cedeu ao pedido durante o verão.

De lá para cá, os jovens estão ainda mais assertivos. É preciso entender que continuarão criando desconforto enquanto o status quo das companhias deixar de fazer sentido. Outra exigência que farão é entender a *big picture*, ou seja, qual é a estratégia macro da empresa, qual é sua missão. Se essa informação não for divulgada ou estiver pouco elaborada, a maioria dos jovens não verá sentido em fazer a sua parte. "Na hora que ele entende o grande, ele faz o pequeno. Se você só dá o pequeno, ele não vê sentido em fazer. A Netflix, uma das organizações revolucionárias em termos de carreira, faz reuniões de contexto para mostrar aos funcionários o que está acontecendo na organização", afirma Flavia.

Mudanças nos parâmetros

"A favor dos jovens que em breve serão líderes, haverá um ecossistema de negócios muito mais plural e flexível", defende Sofia. Eles poderão estar uma hora na startup, outra na empresa butique, outra em uma gigante internacional. Poderão trabalhar com carteira assinada, por projetos ou em coletivos. Terão vários mundos corporativos à sua disposição para escolher aquele no qual mais se encaixam.

UMA NOVA GERAÇÃO DE LÍDERES

No entanto, ainda que as tendências e os valores dessa geração estejam se tornando mais claros, os jovens também terão que lidar com a angústia de cada decisão individual, como qual faculdade cursar ou a qual propósito se dedicar. Ainda que pareçam muito seguros de suas escolhas, nas encruzilhadas de sua jornada, continuarão sendo influenciados por estímulos externos e internos. Tanto Flavia quanto Sofia ressaltam que o papel do estímulo externo tem ganhado importância, e a figura de um mentor e de uma pessoa inspiradora é muito forte para os *millenials*. Pode ser alguém que enxergue neles um valor e os motive, alguém que admirem pelas atitudes, que ofereça desafios e os ajude quando necessário. É interessante lembrar que, até pouco tempo, aqueles que fazem parte da geração mais velha descobriram o valor dos mentores. Eles existiam, mas eram mais controladores que inspiradores. Os *millenials* tiveram mais sorte. Já nasceram tendo mentores e escolhendo quem eles querem, sem cerimônia. Marcar um *call*, pedir uma entrevista, fazer reunião de feedback ou de orientação é algo fácil para eles. Essa relação diferente com as pessoas mais experientes começou na escola, onde aprenderam uma relação de igual para igual, de tratar o professor e o diretor pelo primeiro nome.

Acredito que a estrutura apresentada neste livro será útil para que os mais novos também reflitam sobre o caminho que querem construir e tenham consciência de como fazem suas escolhas. Que eles saibam que seu caminho profissional pode vir de dentro, das inspirações ao redor e de experiências que à primeira vista podem ser desesperadoras. Ainda que pareçam mostrar segurança sobre o que querem diante das empresas, a história não é tão simples assim. Segundo Sofia, muitos jovens se perdem no excesso de opções do século XXI, na falta de autoconhecimento para entender quais são seus interesses e na busca por uma felicidade que sequer sabem o que significa.

O QUE FAZ A DIFERENÇA

Muitos começam e abandonam faculdades porque não conseguem se encontrar em curso algum. "O pai quer que o filho seja feliz, mas não conversa para ajudá-lo a encontrar o que é felicidade. Parece óbvio ser feliz, mas não é. Estamos vivendo um momento de formar o indivíduo para fazer escolhas."

Mesmo sem poder prever como será o futuro, após saber mais sobre essa geração, estou certa de que os fatores de longo prazo mencionados neste livro continuarão valendo para qualquer pessoa no mercado, seja nova ou mais experiente. Ter vontade de aprender e investir em conhecimento fará todo sentido em um mundo mais fluido, onde não há empregos estáveis e funções óbvias.

Segundo um estudo do Fórum Econômico Mundial, 65% das crianças que começaram a estudar em 2010 terão trabalhos que ainda não existem.[1] Seu repertório provavelmente terá que ser maior que o das gerações anteriores, assim como sua coragem para correr riscos.

O mundo volátil e cheio de mudanças também deve exigir resiliência. Os *millenials* podem ter sido mais preparados para enfrentá-lo porque nasceram nele, mas, por outro lado, passaram por menos adversidades que seus pais e avós. Ao menos no Brasil, viveram um momento histórico de estabilidade, e, ao mesmo tempo, tentando prover felicidade, alguns pais acabaram por criar um ambiente blindado de frustrações. Porém, como acontece na vida de todo mundo, eles também enfrentarão desafios que lhes exigirão energia para seguir em frente. O que percebo, em sua vantagem, é que eles têm muito mais facilidade de jogar fora um conhecimento ou um caminho que não serviu e começar de novo, encontrando suas próprias e novas soluções para novos problemas.

Como sociedade, teremos que aprender a integrar esses jovens a uma nova mentalidade, aproveitando seus pontos for-

208

UMA NOVA GERAÇÃO DE LÍDERES

tes. Como defende Flavia, a capacidade das novas gerações em trabalhar no coletivo de maneira multidisciplinar, sua disposição para resolver problemas e sua admiração por líderes que os desafiem e inspirem podem ser direcionadas para construir projetos e empresas. Suas características tão criticadas, como imediatismo e dificuldade de aprofundamento, poderão ser balanceadas e ensinadas pelas outras gerações, que mantêm seu valor dentro das empresas.

No que se refere às escolhas, todos nós, não importa de qual geração, teremos sempre dilemas e angústias, mas também teremos sempre a opção de agir, de criar coragem para tomar decisões, testar hipóteses, experimentar. As pessoas mais realizadas que conheci não são as que guardam energia para viver de maneira comedida, mas aquelas que tomam iniciativa, saltam no escuro e assumem o compromisso de encontrar o seu lugar no mundo.

LISTA DE ENTREVISTADOS
E ESPECIALISTAS CONSULTADOS

Adam Grant
Alex Behring
Alex Zornig
Alvaro Machado Dias
Amyr Klink
Ana Luiza dos Anjos
Andrea Hercowitz
Antonio Bonchristiano
Braz Nogueira
Bruno Dayrell
Caio da Rocha
Carla Assumpção
Carla Tieppo
Carlos Terepins
Carolina Costa
Cecilia Andreucci
Celso Loducca

Claudia Costin
Claudia Santana
Claudio Galeazzi
Claudio Garcia
Dan Ioschpe
Deives Rezende
Diana Corso
Diego Faleck
Emanoel Araujo
Flavia Camanho
Flavia Santana
Floriano Pessaro
Gilvanise Vial
Guga Stocco
Heitor Martins
Heitor Mauricio Cotrim
Horacio Piva

Inês Bogéa
João Ricado Cozac
Joel Dutra
John Davis
Jose Pacheco
Karina Oliani
Luis Fernando Giorgi
Lygia da Veiga Pereira
Manuella Curti
Marcelo Cardoso
Marcelo Lacerda
Marcelo Medeiros
Marcio Schettini
Marcos Grasso
Maria Melo
Maria Regina Brandão
Mario Maia
Mary Nicoliello

Miriam Goldenberg
Monge Saty
Oscar Quiroga
Otavio Castello Branco
Paula Mageste
Paulo Veras
Ralph Choate
Ricardo Ariane
Rodrigo Galindo
Rodrigo Kedde
Rodrigo Pimentel
Ronaldo Iabrudi
Ruy Souza e Silva
Silvio Bock
Sofia Esteves
Thomaz Srougi
Victor Baez

AGRADECIMENTOS

Sou grata a muitas pessoas pela ajuda na elaboração deste livro. Agradeço muitíssimo a todos os executivos e pessoas que entrevistei ao longo de minha vida — impossível nominar um a um por razões de ética e memória. Mas essas conversas geraram a base da inquietação que sustentou minhas hipóteses e conclusões. Agradeço em especial a todas as pessoas entrevistadas para este livro, no período de 2014 a 2017, por dividirem suas histórias e seus conhecimentos comigo, dedicando tempo e emoção a esse processo. Os nomes estão listados em ordem alfabética na lista de entrevistados e especialistas consultados.

Agradeço a Marcela Bourroul e a Ariane Abdallah, do Atelier de Conteúdo, que foram fundamentais e me acompanharam nesta jornada de mais de três anos. Inicialmente, eu tinha ideias e um desenho do caminho a percorrer, e foi sobre isso que nos debruçamos durante o primeiro ano de trabalho. Tivemos reuniões semanais, e eu recebi uma curadoria cuidadosa e diligente, que testava minhas hipóteses e discutia os resultados

213

das entrevistas e leituras desde os primeiros rascunhos. Juntas, tecemos uma estrutura lógica, e o livro foi tomando forma. O processo foi prazeroso, e o resultado não foi só o produto final, mas a criação de uma relação de parceria profunda. Agradeço também ao Daniel Waismann, que nos ajudou na construção do texto final.

Agradeço a Fernanda Pantoja, editora da Companhia das Letras, que acolheu o livro com entusiasmo e ajudou a refinar a estrutura e o texto com cuidado, experiência e maestria.

Agradeço a Didier Marlier, sócio-fundador da Enablers Network, que foi o coordenador do programa para um grupo de dez ceos do qual eu participei — e onde tive o insight que deu origem a este livro. Discuti a ideia em 2014 com Didier e recebi dele inputs valiosos.

Agradeço às minhas sócias, Renata de Vasconcellos e Letícia Perez, que acompanharam o processo, me incentivaram e sobreviveram ao período em que eu estava intensamente envolvida nas entrevistas, administrando a agenda de trabalho e do livro, com toda a complexidade que isso significa. Elas me ajudaram a não desistir!

Agradeço a Silvia Saito, que me apoiou como assistente executiva no período de 2015 a 2017. Ela me ajudou a viabilizar as entrevistas, depois a organizar os dados coletados e a registrar as conversas. Como ela se dedicava também ao trabalho na minha empresa, a inwi, contamos com o importante reforço de Priscila Roveda, que, durante alguns meses de seu período sabático em 2017, atuou como "*personal organizer* para o livro". Ter alguém focado 100% na assistência de produção deste trabalho foi o que garantiu o progresso e a finalização das entrevistas.

Agradeço a Manuel Gomes, consultor em estratégia que me apoiou lendo e fazendo comentários e, principalmente,

AGRADECIMENTOS

revendo o formato de todos os gráficos e imagens que apoiam os textos.

Agradeço à minha família, pelo apoio em todos os momentos de minha vida, em especial a minha mãe Dirce (com quem conversei muito no início do livro, mas não chegou a ver este projeto pronto), minha Tia Dinah e Tia Therezinha. Elas foram as três primeiras empreendedoras que conheci e influenciaram muito minha forma de enxergar o valor da carreira e do trabalho na vida, enfrentar desafios e querer empreender.

Agradeço a Tide Setúbal Souza e Silva Nogueira, minha enteada, pelas conversas e pelo conhecimento compartilhado, que me gerou insights sobre educação de filhos e desenvolvimento infantil. Além disso, me apresentou a Luiz Hanns, especialista no assunto.

Sou grata a Cecilia Whitaker Bergamini, que acreditou em mim quando eu ainda era estudante na PUC-SP. Cecilia foi minha professora, me contratou para a primeira posição corporativa e foi minha primeira mentora. O que aprendi com sua orientação e a proximidade de alguém de destaque no mercado acelerou minha carreira e ter trabalhado com ela permitiu que também entrasse na carreira como professora universitária, função que desempenhei durante oito anos.

Agradeço a alguns mentores que tiveram papel fundamental em minha vida e certamente influenciaram o que penso e como penso. Vou citar em ordem cronológica os que me tocaram a alma, intelectualmente e na formação executiva: Vera Somma; Ricardo Cayubi Ariani, que, além de mentor, foi amigo, me apresentou ao meu marido e foi nosso "padrinho de casamento". Agradeço a Antonio Carlos Rego Gil e Mathias Machline, chefes que marcaram minha mudança de gestão técnica para gestão executiva. Com eles aprendi sobre negócio, estratégia e planejamento. Agradeço ao meu primei-

215

ro sócio, Andras Dobroy, com quem aprendi sobre *executive search* e descobri minha veia empreendedora. Agradeço a Peter Drummond-Hay e Robson Brown, que acreditaram em mim quando, à frente da Russell Reynolds, compraram minha empresa. Naquele momento, passei de atuação nacional para internacional, com o apoio e a construção de uma equipe que levou o Brasil a destacar-se com os clientes e dentro da companhia mundialmente.

Agradeço a Clarke Murphy, que representa o meu melhor momento e foi o meu melhor chefe com quem tive a honra de crescer em estratégia, execução e felicidade. Foi com Clarke que comecei a falar sobre o projeto deste livro e tive sempre o maior incentivo. Ficou pronto e decidi fazer uma versão em inglês para que ele pudesse conhecer o resultado.

Agradeço a Beto Sicupira, que acreditou em mim e foi cliente desde a minha primeira empresa em 1994, quando comecei a atuar em *executive search*. Eu não tinha ainda provas de excelência, mas ele apostou e, com isso, tive a oportunidade de trabalhar em projetos relevantes para ele e seus sócios na GP Investimentos e em outras empresas investidas. Esta oportunidade alavancou minha história, e a eles, serei eternamente grata. Tive a felicidade de continuar trabalhando com os seus sucessores, sócios da GP Investimentos até hoje. Agradeço ao Fersen Lambranho pela confiança, pela parceria e pelo aprendizado de ter a cada dia a barra mais alta para atingir. Tenho muita felicidade por manter esta parceria há mais de 24 anos. Ofereço o meu agradecimento profundo a ele e a seus sócios.

Por fim, gostaria de agradecer a dois autores cujos comentários me ajudaram na jornada interna de me tornar também escritora. Ao jornalista cubano Leonardo Padura, de quem assisti uma palestra na Feira Literária de Paraty

AGRADECIMENTOS

em 2015. Eu me surpreendi quando ele abriu o coração e contou suas inseguranças durante a escrita, além do fato de o livro *O homem que amava os cachorros* ter demorado mais de cinco anos para ficar pronto. Depois tive um grande impacto com o psicólogo americano Adam Grant, que investiu tempo conversando comigo e dividiu sua experiência durante a produção de seu primeiro livro, o bem-sucedido *Dar e receber*. Foi animador notar que até as pessoas que considero brilhantes e excepcionais têm inseguranças e resiliência por terem coragem de se expor

E para concluir, ao Ruy Souza e Silva, meu marido e companheiro de vida, meu obrigadíssima por ter sobrevivido aos cinco anos de execução deste projeto, com minhas inseguranças e titubeios, dando o incentivo que permitiu que eu chegasse ao final.

NOTAS

INTRODUÇÃO [pp. 13-21]

1. Entrevista disponível em: <https://globoplay.globo.com/v/1033096/>.

ATENÇÃO [pp. 25-43]

1. Disponível em: <https://gooutside.com.br/everest-pai-e-filha-entram--para-a-historia/>.
2. Disponível em: <https://braziljournal.com/como-o-dr-consulta-esta--tentando-virar-uma-healthtech>.
3. Disponível em: <https://www.justrealmoms.com.br/educacao-pensada--e-planejada-6-competencias-de-vida-que-sao-a-base-para-ensinar-aos--filhos-por-luiz-alberto-hanns1/>.

CONEXÃO [pp. 44-62]

1. Em uma entrevista para o site norte-americano *Business Insider*. Disponível em: <http://www.businessinsider.com/neuroscientist-most-important-choice-in-life-2017-7>.

219

O QUE FAZ A DIFERENÇA

2. Disponível em: <https://www.forbes.com/sites/allenstjohn/2017/01/28/is-richard-williams-serena-and-venuss-dad-the-greatest-coach-of-all-time/#5da68ea06431>.

RUPTURA [pp. 63-80]

1. Parábola registrada em Alzira Castilho, *Como atirar vacas no precipício* (São Paulo: Panda Books, 2012).
2. Disponível em: <https://hbr.org/2011/04/building-resilience>.
3. Em palestra no Day-1 Endeavor. Vídeo disponível em: <https://www.youtube.com/watch?v=Cq_OBKFS-as>.
4. Vídeo da palestra disponível em: <https://www.ted.com/talks/jk_rowling_the_fringe_benefits_of_failure>.
5. Frase dita em vídeo gravado para o portal MeuSucesso.com. Disponível em: <https://www.youtube.com/watch?v=oxudO1XtPQw>.
6. Depoimento disponível em: <https://www.youtube.com/watch?v=IkCBwhOd_d4>.

A ESPIRAL POSITIVA [pp. 81-93]

1. Disponível em: <https://www.ted.com/talks/sheena_iyengar_choosing_what_to_choose/transcript?language=en>.
2. Disponível em: <https://www.sciencedirect.com/science/article/abs/pii/S0092656697921620>.

TOMAR DECISÕES, FLEXIBILIZAR E LIDAR COM OS ERROS [pp. 94-105]

1. Disponível em: <http://www.developingchild.harvard.edu.>
2. Id.
3. Disponível em <http://epocanegocios.globo.com/Inspiracao/Vida/noticia/2015/04/o-que-o-fracasso-pode-fazer-por-voce.html>.
4. Entrevista da Oprah com a J. K. Rowling. Disponível em: <http://www.oprah.com/oprahshow/jk-rowlings-aha-moment-video_1>.

220

NOTAS

CORAGEM [pp. 109-18]

1. Disponível em: <https://www.ncbi.nlm.nih.gov/pubmed/7740094>.

CURIOSIDADE [pp. 119-31]

1. Discurso de Steve Jobs em sua formatura na Universidade Stanford em 2005. Disponível em: <https://news.stanford.edu/2005/06/14/jobs-061505/>.

DISCIPLINA E GARRA PARA MANTER O FOCO [pp. 132-41]

1. Disponível em: <http://www.ascd.org/ASCD/pdf/journals/ed_lead/el_198509_brandt2.pdf>.

VISÃO GLOBAL: A CAPACIDADE DE LEVANTAR O NARIZ [pp. 142-9]

1. Disponível em: <https://www.eugeniomussak.com.br/2010/02/03/disciplina/>.
2. Disponível em: <https://www.teachers.net/gazette/FEB09/kohn/>.
3. Discurso citado no livro *The Eureka Factor*.

COMUNICAÇÃO, EMPATIA, BOM HUMOR E ENERGIA [pp. 150-9]

1. "Como Gisele Bündchen construiu sua fortuna e se tornou a modelo mais bem paga do mundo". *Época Negócios*. 2015. Disponível em: <https://epocanegocios.globo.com/Informacao/Visao/noticia/2015/01/como-gisele-bundchen-construiu-sua-fortuna-e-se-tornou-modelo-no-mundo--dos-negocios.html>.
2. Disponível em: <https://www1.folha.uol.com.br/fsp/ciencia/fe1511200103.htm>.
3. Disponível em: <https://www.bbc.com/portuguese/noticias/2013/05/130516_david_breckham_aposentadoria_lgb>.
4. Disponível em: <https://www.hbs.edu/faculty/Pages/item.aspx?num=51589>.

221

O QUE FAZ A DIFERENÇA

5. Disponível em: <https://news.harvard.edu/gazette/story/2016/10/laugh-
-your-way-to-success/>.
6. Disponível em: <https://hbr.org/2010/12/the-hidden-advantages-of-
-quiet-bosses>.
7. Disponível em: <https://endeavor.org.br/desenvolvimento-pessoal/em-
preendedores-introvertidos/>.
8. Disponível em: <https://www.facebook.com/sheryl/videos/101577434739
40177/ ?permPage=1>.

RESILIÊNCIA [pp. 160-9]

1. Disponível em: <https://www.gatesnotes.com/Books/Shoe-Dog>.
2. Disponível em: <https://www.cnbc.com/2016/08/04/nike-founder-phil-
-knight-on-success-and-failure.html>.
3. Disponível em: <https://46y5eh11fhgw3ve3ytpwxt9r-wpengine.netdna-
-ssl.com/wp-content/uploads/2015/05/The-Science-of-Resilience2.pdf>.
4. Entrevista citada em Meyer D. Glantz e Jeannette L. Johnson, *Resilience
and Development: Positive Life Adaptations* (Nova York: Springer, 1999).

A SORTE E AS OPORTUNIDADES [pp. 170-81]

1. Vídeo disponível em: <https://www.youtube.com/watch?v=z5qcuAasKtA>.
2. Disponível em: <https://www.theguardian.com/film/2005/dec/20/award-
sandprizes.oscars2006>.

MULHERES NA LIDERANÇA [pp. 182-95]

1. Disponível em: <https://www.theguardian.com/us-news/2016/feb/06/
madeleine-albright-campaigns-for-hillary-clinton>.
2. Disponível em: <http://www.previdencia.gov.br/2016/03/trabalho-
-mais-qualificada-e-escolarizada-mulher-trabalhadora-ainda-recebe-
-menos-que-homem/>.
3. Disponível em: <https://agenciadenoticias.ibge.gov.br/agencia-sala-de-
-imprensa/2013-agencia-de-noticias/releases/9487-sis-2016-67-7-dos-
-idosos-ocupados-comecaram-a-trabalhar-com-ate-14-anos>.
4. Disponível em: <https://economia.uol.com.br/noticias/redacao/2013/

NOTAS

03/06/mulher-decide-o-que-comprar-e-fiscaliza-bolso-do-marido-diz-
-pesquisa.htm>.

5. Vídeo disponível em: <https://www.youtube.com/watch?v=XjJQBjWY-
DTs\\>.

6. Disponível em: <https://blog.wikimedia.org/2012/04/27/nine-out-of-
-ten-wikipedians-continue-to-be-men/>.

7. Disponível em: <https://hbr.org/2017/10/if-you-cant-find-a-spouse-
-who-supports-your-career-stay-single>.

8. Disponível em: <https://hbr.org/2014/12/rethink-what-you-know-about-
-high-achieving-women>.

9. Disponível em: <http://banbossy.com/>.

10. Disponível em: <https://hbr.org/2017/05/we-recorded-vcs-conversations-
-and-analyzed-how-differently-they-talk-about-female-entrepreneurs>.

11. Disponível em: <http://gap.hks.harvard.edu/orchestrating-impartiality-
-impact-%E2%80%9Cblind%E2%80%9D-auditions-female-musicians>.

12. Disponível em: <https://www.playgroundmag.net/food/vandana-shiva-
-mujeres-maestras-mundo-futuro_26473231.html>.

A GESTÃO DO DEPOIS [pp. 196-202]

1. Disponível em: <https://www1.folha.uol.com.br/mercado/2015/03/
1606290-publicitario-de-70-anos-vende-acoes-de-agencia-e-se-torna-
-estagiario-no-google.shtml>.

UMA NOVA GERAÇÃO DE LÍDERES [pp. 203-9]

1. The Future of Jobs. Relatório do Fórum Econômico Mundial divulgado
em 2016. Disponível em: <http://www3.weforum.org/docs/WEF_Fu-
ture_of_Jobs.pdf>.

223

REFERÊNCIAS BIBLIOGRÁFICAS

ANDRADE, Carlos Drummond de. *A rosa do povo*. São Paulo: Companhia das Letras, 2012.

BARSH, Joanna; CRANSTON, Susie. *Mulheres no poder: Os cinco passos para ter sucesso na vida profissional e pessoal.* Rio de Janeiro: Agir, 2011.

BLOOM, Benjamin. *Developing Talent in Young People.* Nova York: Ballantine Books, 1985.

BRADLEY, R. G. et al. "Influence of Child Abuse on Adult Depression: Moderation by the Corticotropin-Releasing Hormone Receptor Gene". *Archives of General Psychiatry*, v. 65, n. 2, pp. 190-200, 2008.

CAIN, Susan. *O poder dos quietos: Como os tímidos e introvertidos podem mudar um mundo que não para de falar.* Rio de Janeiro: Agir, 2012.

CAMPBELL, Joseph. *O herói de mil faces.* São Paulo: Pensamento, 2004.

_____. *As máscaras de Deus.* São Paulo: Palas Athena, 2010.

CASPI, A. et al. "Moderation of Breastfeeding Effects on the IQ by Genetic Variation in Fatty Acid Metabolism". *PNAS*, v. 104, n. 47, pp. 18 860-5, 2007.

CLANCE, P. R.; IMES, S. "The Impostor Phenomenon in High Achieving Woman: Dynamics and Therapeutic Intervention". *Psychotherapy: Theory, Research, and Practice*, v. 15, n.3, Atlanta: Georgia State University, pp. 1-8, 1978

COLLINS, Jim. *Empresas feitas para vencer.* Rio de Janeiro: Alta Books, 2018.

CSIKSZENTMIHALYI, Mihaly. *Flow: The Psychology of Optimal Experience.* Nova York: HarperCollins, 2008.

DINIZ, Abilio. *Caminhos e escolhas: O equilíbrio para uma vida mais feliz.* Rio de Janeiro: Campus-Elsevier, 2006.

DUCKWORTH, Angela. *Garra: O poder da paixão e da perseverança.* Rio de Janeiro: Intrínseca, 2016.

_____; SELIGMAN, Martin E. P. "Self-Discipline Outdoes IQ in Predicting Academic Performance of Adolescents". *Psychological Science*, v. 16, n.12, pp. 939-44, 2005.

DWECK, Carol. *Mindset: A nova psicologia do sucesso.* Rio de Janeiro: Objetiva, 2017.

EPSTEIN, David. *A genética do esporte: Como a biologia determina a alta performance esportiva.* Rio de Janeiro: Campus-Elsevier, 2013.

FRANK, H. Robert. *Success and Luck: Good Fortune and the Myth of Meritocracy.* Princeton: Princeton University Press, 2016.

GILBERT, Daniel. *O que nos faz felizes: O futuro nem sempre é o que imaginamos.* Rio de Janeiro: Campus-Elsevier, 2016.

GLADWELL, Malcolm. *Fora de série: Descubra por que algumas pessoas têm sucesso e outras não.* Rio de Janeiro: Sextante, 2008.

GLANTZ, Meyer D.; JOHNSON, Jeannette L. *Resilience and Development: Positive Life Adaptations.* Nova York: Springer, 1999.

GOLEMAN, Daniel. *Liderança: A inteligência emocional na formação do líder de sucesso.* Rio de Janeiro: Objetiva, 2015.

GRANT, Adam. *Dar e receber: Uma abordagem revolucionária sobre sucesso, generosidade e influência.* Rio de Janeiro: Sextante, 2014.

_____; SANDBERG, Sheryl. *Plano B: Como encarar adversidades, desenvolver resiliência e encontrar felicidade.* São Paulo: Fontanar, 2017.

GRISCOM, Chris. *Corpo sem idade.* São Paulo: Siciliano, 1993.

HARRIS, Russ. *Liberte-se: Evitando as armadilhas da procura da felicidade.* Rio de Janeiro: Agir, 2019.

IRVINE, William B. *Aha!: The Moments that Shape our World.* Oxford: Oxford University Press, 2016.

KAHNEMAN, Daniel. *Rápido e devagar: Duas formas de pensar.* Rio de Janeiro: Objetiva, 2012.

KAPLAN, Robert S.; NORTON, David P. *The Balanced Scorecard: Translating Strategy into Action.* Brighton: Harvard Business Review Press, 1996.

KLINK, Amyr. *Não há tempo a perder.* São Paulo: Tordesilhas, 2016.

KNIGHT, Phil. *A marca da vitória.* Rio de Janeiro: Sextante, 2016.

REFERÊNCIAS BIBLIOGRÁFICAS

KOUNIOS, John; BEEMAN, Mark. *The Eureka Factor: Creative Insights and the Brain*. Londres: Cornerstone, 2015.

MISCHEL, Walter. *O teste do marshmallow: Por que a força de vontade é a chave do sucesso*. Rio de Janeiro. Objetiva, 2016.

MLODINOW, Leonard. *O andar do bêbado: Como o acaso determina nossas vidas*. Rio de Janeiro: Jorge Zahar, 2008.

SABBAG, Paulo Yazigi. *Resiliência: Competência para enfrentar situações extraordinárias na sua vida profissional*. Rio de Janeiro: Alta Books, 2017.

SANDBERG, Sheryl. *Faça acontecer: Mulheres, trabalho e a vontade de liderar*. São Paulo: Companhia das Letras, 2013.

SELIGMAN, Martin E. P. *Florescer: Uma nova compreensão da felicidade e do bem-estar*. Rio de Janeiro: Objetiva, 2011.

STERNBERG, Robert J. *Psicologia cognitiva*. São Paulo: Cengage CTP, 2019.

WHITE, E. B. *One Man's Meat*. Thomaston: Tilbury House Publishers, 2003.

WISEMAN, Richard. *The Luck Factor*. Londres: Arrow Books, 2003.

TIPOLOGIA Miller e Akzidenz
DIAGRAMAÇÃO Osmane Garcia Filho
PAPEL Pólen Soft, Suzano S.A.
IMPRESSÃO Gráfica Santa Marta, abril de 2021

 A marca FSC® é a garantia de que a madeira utilizada na fabricação do papel deste livro provém de florestas que foram gerenciadas de maneira ambientalmente correta, socialmente justa e economicamente viável, além de outras fontes de origem controlada.